Capitaine BUHRER,
de l'Infanterie Coloniale

ÉTUDE

Géographique et Géologique

SUR

LE MÉNABÉ

PARIS

IMPRIMERIE-LIBRAIRIE UNIVERSELLE

L. FOURNIER

264, Boulevard Saint-Germain

—

1913

Étude Géographigue et Géologique

SUR LE MÉNABÉ

Capitaine BUHRER,
de l'Infanterie Coloniale

ÉTUDE

Géographique et Géologique

SUR

LE MÉNABÉ

PARIS

IMPRIMERIE-LIBRAIRIE UNIVERSELLE

L. FOURNIER

264, Boulevard Saint-Germain

—

1913

Étude Géographique et Géologique

SUR LE MÉNABÉ

La présente étude n'a pas pour but de faire « découvrir » l'ancien royaume du Ménabé, bien d'autres avant moi l'ont parcouru, soit comme chargés de mission, soit pour le pacifier ou l'administrer, dont la compétence établie me laisse loin derrière eux. Je veux simplement présenter dans un travail d'ensemble le résumé de ce que chacun d'eux a pu connaître de ce pays, tant au point de vue géographique que géologique.

J'ai tenté seulement de coordonner ce qui a été vu par d'autres, avec ce que j'ai vu moi-même et de montrer, d'une façon aussi précise que possible, ce qu'est ce pays, encore assez mal connu dans son ensemble.

LES GRANDES DIVISIONS GÉOGRAPHIQUES

Le Ménabé va du fleuve Mangoky, au Sud, jusque vers le fleuve Sohanina, au Nord; il est borné à l'Est par les hauteurs du Bongolava, qui forment le rebord occidental du grand plateau de l'Ile; à l'Ouest par le canal du Mozambique.

Il se divise en quatre régions bien distinctes: ce sont en allant de l'Ouest à l'Est : 1° la région côtière; 2° le Bémaraha; 3° une grande vallée à laquelle M. Perrier de la Bathie a donné le nom de vallée *permotriasique;* 4° le Bongolava.

Chacune de ces régions correspond à une ou plusieurs époques géologiques. La région côtière est formée des terrains récents et des terrains crétacés, le Bémaraha correspond au Jurassique, le nom de vallée permotriasique est suffisamment caractéristique pour qu'il n'y ait pas lieu d'insister, le Bongolava est formé des terrains cristallins.

J'examinerai successivement chacune de ces quatre grandes divisions et je complèterai cette étude par celle des vallées des grands fleuves qui vont du plateau central à la mer: Mangoky, Tsiribihina, Menambolo.

I. — **La région côtière**

Par région côtière, j'entends toute la partie des terrains comprise entre la mer et le Bémaraha. Elle se compose de deux parties différentes, la côte proprement dite, d'une part, les terrains compris entre la crête du Bémaraha et cette zone côtière de l'autre.

A. — *La côte proprement dite*

Elle présente un aspect désolé, basse, couverte de palétuviers, c'est à peine si quelques dunes peu élevées permettent à une certaine végétation de subsister. Des grandes plaines la bordent en arrière des lignes de palétuviers, elles sont très humides aux hautes marées et recouvertes de légères efflorescences de sel à marée basse; dans certaines parties, en particulier dans le Sud, les indigènes exploitent ces salines naturelles, certaines d'entre elles, ont même été demandées en concession par des colons européens, les principales sont celles d'Ankilifolo, au Sud de Bélo-sur-Mer, et celles d'Andranopasy, au Nord de ce village.

L'aspect de ces immenses plaines est absolument désertique, la réverbération y est intense et le voyageur qui les traverse peut y observer le phénomène du mirage.

La zone des palétuviers est assez large et permet

Coupe N° 1

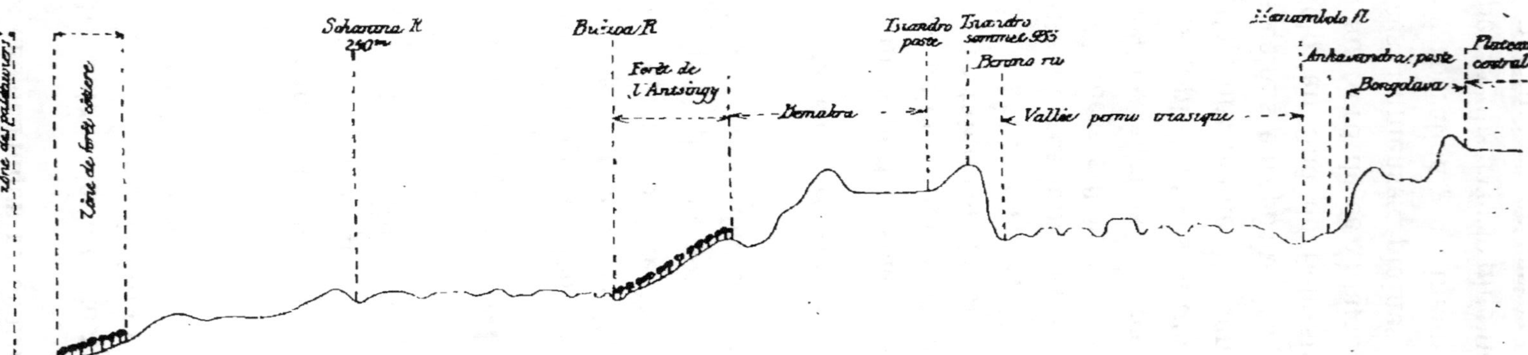

Profil du Ménabé de la mer au plateau central

Coupe par Sohanina sur mer, le Tsiandro et Ankavandra

l'exploitation des écorces de ces arbres, recherchées en teinturerie pour leur richesse en tanin. Toutefois, c'est surtout dans la partie de la côte formée par les deltas des fleuves Mangoky, Morondava, Tsiribihina, que les forêts de palétuviers sont exploitées. Je reviendrai plus loin sur ces exploitations.

Des dunes très peu élevées (de 2 à 5 mètres) bordent ces plaines désertes vers l'Est, elles sont à distance maximum de 3 à 4 kilomètres de la mer et sont recouvertes le plus souvent d'une médiocre végétation : laro, famatas et filaos; ces derniers arbres qui ressemblent aux sapins et appartiennent d'ailleurs à la famille des conifères, sont moins nombreux que sur les dunes qui bordent au Sud de l'Onilahy, la côte Mahafaly.

En arrière de ces dunes commence la grande forêt qui s'étend sur environ 40 kilomètres de large dans presque toute la longueur de la côte. Elle est formée d'arbres de haute futaie et l'on y exploite quelques essences recherchées, comme l'azomalanga ou faux camphrier, le mangary ou palissandre.

Un certain nombre de lots de cette forêt sont donnés en concession à des colons ou à des compagnies coloniales, mais les travaux d'exploitation y sont médiocres sinon nuls pour des causes que j'exposerai plus loin.

Dans cette forêt sont de nombreuses clairières en forme de cuvette où les eaux s'accumulent à la saison des pluies. Elles sont alors couvertes de nénuphars roses, bleus ou violets du plus bel aspect, de nombreux canards à bosse (angongo), des canards sauvages (vivis) abondent sur ces mares peuplées cependant de caïmans. A la saison sèche, ces marigots disparaissent complètement ou ne forment plus que des flaques d'eau boueuse où pullulent les moustiques.

Il y a sur cette côte fort peu d'habitants, la vie y étant assez difficile, les quelques groupements sont formés par des villages de pêcheurs ou de marins, tels sont Andranopasy, Bélo-sur-Mer, Bosy, Tsimanandrafazana, Sohazo, Behenjavilo. A Bélo-sur-Mer, les indigènes construisent des goélettes d'un tonnage peu élevé (8 à 10 tonneaux) avec assez d'art. Bosy est un centre de fabrication de pirogues de mer.

La population de la côte se compose de Vezos, Sakhalaves dont la vie toute maritime diffère sensiblement de celle des Masikoros de l'intérieur. Quoique formée d'assez beaux sujets, cette population tend à diminuer, l'ivrognerie et la syphilis contribuent dans une large

Village de Belo-sur-Mer

part à l'affaiblissement de cette race de marins, vraiment remarquables par leur adresse à manier leurs petits bâtiments, par leur amour et leur connaissance de la mer dont ils sont cependant souvent victimes.

- A Bosy, se trouve une agglomération assez importante de Comoriens, mais des croisements nombreux font de ces disciples de Mahomet des croyants très médiocres, dont les principes évoluent d'une façon parfois curieuse.

Cette zone côtière est coupée par les deltas des grands fleuves sur lesquels je reviendrai en étudiant chacun d'eux. Sur toute cette partie de la côte, on trouve des gisements d'animaux appartenant à la faune subfossile.

Les gisements les plus importants sont les gisements de Bélo-sur-Mer et d'Ankaivo. Le premier de ces villages est situé à 70 kilomètres au Sud de Morondava, le second à 45 kilomètres de la même ville. Un premier gîte fossilifère avait été examiné autrefois à Bélo, par *M. A. Grandidier.* J'ai fait procéder à des fouilles à un autre endroit situé à environ 5 kilomètres au Nord du précédent et j'en ai extrait plus d'un mètre cube d'ossements appartenant à des aepyornis, des hippopotamus lamerley, des tortues. Les ossements retirés de ce gisement étaient au maximum à 1 mètre au-dessous du sol et je n'ai pu faire continuer les fouilles par suite de la présence de l'eau.

A Ankaivo, les ossements des mêmes animaux se trouvent également en grande quantité; on y rencontre, en outre, des traces des grands lémuriens aujourd'hui disparus, comme le mégaladapis. Les pièces les plus intéressantes trouvées dans ces différentes fouilles de Bélo ou d'Ankaivo sont un crâne d'aepyornis (en mars 1910) et un arrière-crâne de mégaladis (en juin 1910). Ces gisements se présentent comme ceux de la faune subfossile, que j'ai visités en pays Mahafaly; ils sont situés dans des cuvettes au milieu des dunes, et l'eau affleure dès les premières fouilles; à Bélo, en particulier, il reste encore une mare qui gêne beaucoup pour les recherches.

Près de Bosy, j'ai également rencontré quelques ossements d'aepyornis. Il est probable qu'on pourrait trouver aussi un certain nombre de ces « taolambiby » (cimetière des animaux) tout le long de la côte, mais les indigènes seuls peuvent mettre sur leur trace et comme ceux-ci sont peu nombreux, on ne connaît actuellement que les gisements situés non loin des villages.

B. — *Terrains compris entre la côte et la crête intermédiaire du Bémaraha*

Dans une coupe établie en 1899 (bulletin de la Société de géologie), entre Morondava et Malaimbandy, *M. Villiaume* indique que la partie qui nous intéresse est formée de calcaires à foraminifères. Ceci n'est pas tout à fait exact sur la coupe en question et surtout ne doit

pas être généralisé car, si l'on établit une coupe parallèle à la précédente en de nombreux endroits, entre la Tsiribihina et le Manambolo et au Nord de ce fleuve, on rencontrera, le plus souvent, des roches bien différentes de ces calcaires.

Cette région appartient entièrement au crétacé. La limite de ces terrains et du jurassique serait marquée, à l'Est, par une chaîne de collines constituée par des grès et qui passe près d'Antsalova, de Bekopaka, d'Ankalolobé, de Bérèvo, qui suit la rive gauche de la Saka-rèzo, traverse la Morondava à Beronono et se termine, d'après Perrier de la Bathie, sur le Mangoky, vers l'embouchure du Bémarivo.

J'ai trouvé sur cette ligne de collines un certain nombre de bélemnites qui doivent appartenir à l'infracrétacé (néocomien) mais elles sont, en général, en mauvais état et devront être déterminées au Museum d'histoire naturelle.

Ces terrains crétacés sont d'ailleurs assez riches en fossiles; entre la Tsiribihina et le Manambolo, le commandant Condamy avait trouvé, sur l'ancien chemin de Sohazo à Ankaivo et au Nord du lac Hima, un certain nombre d'ammonites et de griphées dont la description a été donnée au bulletin de la Société géologique de 1903.

J'ai pu faire procéder à des fouilles sur le chemin d'Ankalolobé à l'ancien village de Sohazo (terre) et les échantillons récoltés, bien conservés, sont soumis à l'étude au laboratoire de paléontologie du Museum.

Je pense cependant avoir reconnu une desmocéras. Je signalerai également des ostréa aélestryonia provenant d'un gisement situé à environ 20 kilomètres au Nord de Sérinam, sur la route d'Ankaivo, et un nautile à cloisons simples trouvé au 77ᵉ kilomètre d'Antsalova sur la même route, enfin de nombreux calcaires polypiers aux environs de la Lohéna (34 kilomètres de Sérinam même route).

On rencontrera également des arbres silicifiés en assez grand nombre.

« La région au Sud de la Tsiribihina jusqu'au Mangoky est peu connue », m'écrivait *M. Boule*, professeur au laboratoire de paléontologie du Museum. J'ai eu la satisfaction de pouvoir lui envoyer des échantillons de fossiles, en petit nombre, il est vrai, car cette région est véritablement pauvre au point de vue fossilifère.

M. Perrier de la Bathie n'a pu trouver également que de médiocres échantillons mal conservés et peu nombreux dont la détermination sera assez difficile.

Je signalerai un gisement d'ammonites au 51e kilomètre, sur la route de Mahabo à Mandabé, les grès fossilifères d'Antsoa et un certain nombre de bélimnites entre Antsoa et Bérèvo.

J'ai expédié, en outre, plusieurs échantillons de roches pour étude au Museum. Les roches volcaniques paraissent :

1° Sous forme de filon basaltique apparaissant entre le 25e et le 22e kilomètre, sur la route d'Ankaivo, au Sud d'Antsalova ; le filon est incliné d'environ 25° sur l'horizon.

2° Sous forme d'une veine de phonolithe à Antsoa. Depuis ce filon jusqu'à Antsalova on ne rencontre que des grès ferrugineux dont la teneur en minerai paraît à première vue assez importante ; ce sont en général des limonites ; les calcaires lorsqu'ils réapparaissent sous le grès, sont durs, cristallisés et semblent avoir subi d'énormes pressions. On rencontre également de nombreux silexs.

Au point de vue de la géographie physique, il sera nécessaire, pour étudier cette région, d'examiner successivement le pays : 1° entre le Mangoky et la Tsiribihina ; 2° entre Tsiribihina et Manambolo.

1° *Entre Mangoky et Tsiribihina*

En laissant de côté les vallées du Mangoky et de la Morondava, sur lesquelles je reviendrai plus loin, on peut dire que toute cette région se présente, à peu près de la même façon, en longues croupes gréseuses allongées dans la direction générale Sud-Ouest-Nord-Est, et en grands plateaux calcaires sur lesquels on s'élève par de véritables marches qui forment des montées très raides de 4 à 5 mètres. La végétation est partout médiocre, sauf au fond des vallées. Au Sud, sur les mamelons, on rencontre de nombreux mokotis, sorte de lataniers au fût élancé, très droit, et dont les feuilles peuvent être employées pour la confection des toitures; vers la Morondava, quelques forêts qui se continuent plus nombreuses entre ce fleuve et la Tsiribihina.

Il semblerait qu'il y aurait eu là, autrefois, d'immenses forêts qui ont diminué peu à peu par suite de l'insouciance des habitants. Ceux-ci incendiaient autrefois les bois pour la préparation de leurs terrains de culture; l'extension des feux de brousse cependant réglementés, mais qu'il est difficile de surveiller, continue la destruction de ces forêts.

Les essences sont peu employées, à part l'hazomalanga et le palissandre que l'on trouve en assez grande quantité. Les essences caoutchoutifères étaient autrefois nombreuses dans ces régions, c'était principalement le réabo, le réhé, mais l'exploitation lamentable faite par les indigènes et surtout l'installation d'une compagnie coloniale pour l'exploitation des lianes ont à peu près ruiné ce pays.

Les lianes, les plants ont été détruits sans que rien n'ait été fait encore pour replanter.

Tout ce pays est très pauvre et peu peuplé. Dans les fonds, se trouvent quelques misérables cultures de maïs ou de manioc. Les populations habitent dans les vallées du Mangoky, du Maharivo, de la Morondava.

Les troupeaux, cependant très nombreux, d'après les déclarations des indigènes au recensement annuel, sont presque invisibles pour le voyageur qui parcourt les grandes routes de poste à poste; seuls les officiers commandant de circonscription arrivent, au cours de fréquentes tournées, à connaître les lieux de pâturage qui varient avec la saison.

2° *Entre la Tsiribihina et le Manambolo*

Il semble que ces deux fleuves aient été unis à une époque assez rapprochée, formant une véritable image de la mer crétacée.

En effet, au Sud, on trouve la Tsiribihina avec son chapelet de lacs qui lui servent de régulateurs: ce sont les lacs d'Andranomena, Hima, Iboboka; au Nord, le Manambolo avec ses marais de la rive Sud tels que les lacs de Massama, d'Andimaka.

Dans chacun de tous ces lacs vont se jeter de longues rivières comme l'Andranomena, affluent du lac du même nom, le Poly-Poly dans le lac Hima, ces traînées fluviales qui vont du Sud au Nord rejoignant les deux vallées sont séparées par des crêtes bien marquées comme celles d'Amboroko, de Mazoarivo, qui se dirigent du Sud au Nord; ces crêtes rocheuses sont boisées, très difficiles, présentant vers l'Est des escarpements et de nombreux ravinements. Le travail d'érosion a été ici considérable et les ravins sont parfois encaissés entre des murailles à pic d'une hauteur de 15 à 20 mètres. La circulation est très difficile sur le versant oriental où le sol gréseux est très friable, le versant occidental est au contraire en pente douce.

Les essences caoutchoutifères déjà nommées y sont nombreuses, il faut y ajouter le kidroa dans les fonds. Les forêts renferment de nombreuses essences, le mangary (palissandre), le mangary tolo, le valo, le manpandy, le valorao, le vatoa, le tahola, le timibampahy, le tabakala. Les palissandres y sont représentés par de beaux arbres de 10 mètres de haut, ayant une circonférence moyenne de 1 m. 50, ils ne sont pas exploitables par suite du manque de voies de communication et de l'éloignement du fleuve de la Tsiribihina. Les valo, mampandy et taly ont comme le palissandre un bois dur à grain fin et serré.

Le valarao, le tahila, le tsitimpahy peuvent fournir de bon bois de construction et de menuiserie.

Le valoa et le mafay servent pour la fabrication des pirogues.

Le tsitakéa fournit en abondance une gomme assez employée par les indigènes.

Sur les croupes dénudées sont : des sakoas, des kilys, des satras. Les principales de ces forêts sont celles de Sohazo, Ambarimbary, Ambalimby et Ambaheita; elles forment, en réalité, un vaste massif boisé qui couvre la région comprise entre la Sohazo au Nord, et Tsiribihina au Sud.

Le pays est désert, les populations qui l'occupaient autrefois ont dû peu à peu les abandonner devant nos troupes et elles se sont fixées aujourd'hui, soit sur le bord des deux fleuves Manambolo et Tsiribihina, soit sur les bords des lacs.

En dehors de ceux-ci, le pays est pauvre, désertique, sauvage; on quitte une croupe déserte pour descendre dans une vallée misérable et abandonnée, on ne rencontre pas d'hommes, pas de troupeaux, pas de cultures, le gibier lui-même y est peu abondant. Les hauteurs gréseuses, parsemées de limonites ou de calcaires cristallisés, ne dépassent guère 50 à 60 mètres. Elles sont parfois garnies de nombreux tombeaux qui contribuent à l'aspect lugubre du paysage.

3° *Au Nord du Manambolo*

Si la région entre le Manambolo et la Tsiribihina est assez triste, celle qui la continue au Nord forme un vrai désert : ici, plus rien ; les oiseaux, les insectes eux-mêmes disparaissent. Que l'on s'imagine une immense plaine mamelonnée, rocailleuse, couverte d'une herbe rabougrie, brûlée par le soleil, sans un arbre ni un arbuste, bordée à environ 30 kilom. à l'Est par les hauteurs du Bémaraha, à 15 kilom. à l'Ouest par les crêtes du Tsimembo, la séparant de la côte et qui se terminent sur la Soahanina, l'on aura une idée de la région. Le voyageur marche ainsi du Manambolo à la Soahanina pendant deux journées sans rencontrer aucun village. Deux ou trois médiocres points d'eau, souvent taris à la saison sèche, jalonnent la route. On rencontre un certain nombre de Sakhalaves qui, une lourde bille d'ébène sur le dos, font, dans ce désert, 50, 60 kilomètres pour aller vendre l'ébène provenant du Bémaraha (forêt de l'Antsingy) à Ankaivo, pour dix à douze francs au maximum. Cette plaine déserte et mamelonnée est surmontée de ressauts gréseux qui affectent la forme de table ou mieux de butte de tir. Telle est la grande plaine de la Bélaniela, dont cette faible description peut à peine indiquer la monotonie.

Lorsqu'on s'approche d'Antsalova, on rencontre quelques rares arbres sur les croupes, ce sont des sakoas, des kilys et des arbres appartenant à la famille des palmiers (satras, dimakas, mokotis). Au Nord d'Antsalova et de la Soahanina, la grande plaine se continue plus désertique encore s'il est possible.

Il semble difficile de déterminer la direction des séries de crêtes qui rident cette plaine dans tous les sens. Toutefois la direction générale paraît être S. O.-N. E.

Les vallées de la Soahanina et de l'Antsalova constituent des régions cultivées ; leurs fonds, sont en général marécageux et servent à la culture du riz à la saison des pluies ; elles forment de véritables oasis dans cette immense plaine désertique qui va du Manambolo au Cap Saint-André.

Toute cette zone comprise entre la côte et la crête du Bémaraha est soumise à un régime de pluies très régulier au moment de l'hivernage. Les orages y sont nombreux, suivis de fortes pluies, de novembre à avril. Pendant la saison sèche, de mai à octobre, les vents dominants sont ceux qui soufflent de l'Est. Les vents de l'Ouest, venant du canal du Mozambique, sont peu fréquents mais violents, quoique sans aucune action dévastatrice.

Il faut compléter la description de cette région par l'examen des voies de communication, à l'exception toutefois des grands fleuves que sillonnent les mourlangues ou les pirogues de mer des indigènes et sur lesquels j'aurai l'occasion de revenir. Les routes de terre sont médiocres, cependant, les pistes entretenues par le service des travaux publics et la main-d'œuvre prestataire relient les postes entre eux ; elles vont de Morondava à Antsalova par Mahabo, Antsoa et Antsalova, d'Antsoa à Bérèvo, de Morondava à Manja directement par la côte ou par Mahabo et Mandabé.

En dehors de ces pistes, régulièrement entretenues et en général très bonnes, on ne rencontre que des sentiers malgaches ou des tronçons de pistes tracées autrefois, au moment de l'occupation intensive du pays.

II. — **Le Bémaraha et le Makay**

Le Bémaraha est un vaste plateau calcaire qui prolonge les formations gréseuses du Makay et se continue au Nord, jusqu'au bassin inférieur du Ranobé où il disparaît sous des formations récentes près de la mer.

Alors que dans le S.-O. de l'île, dans le pays Mahafaly, par exemple, le grand plateau calcaire, désert et

Coupe N° 2

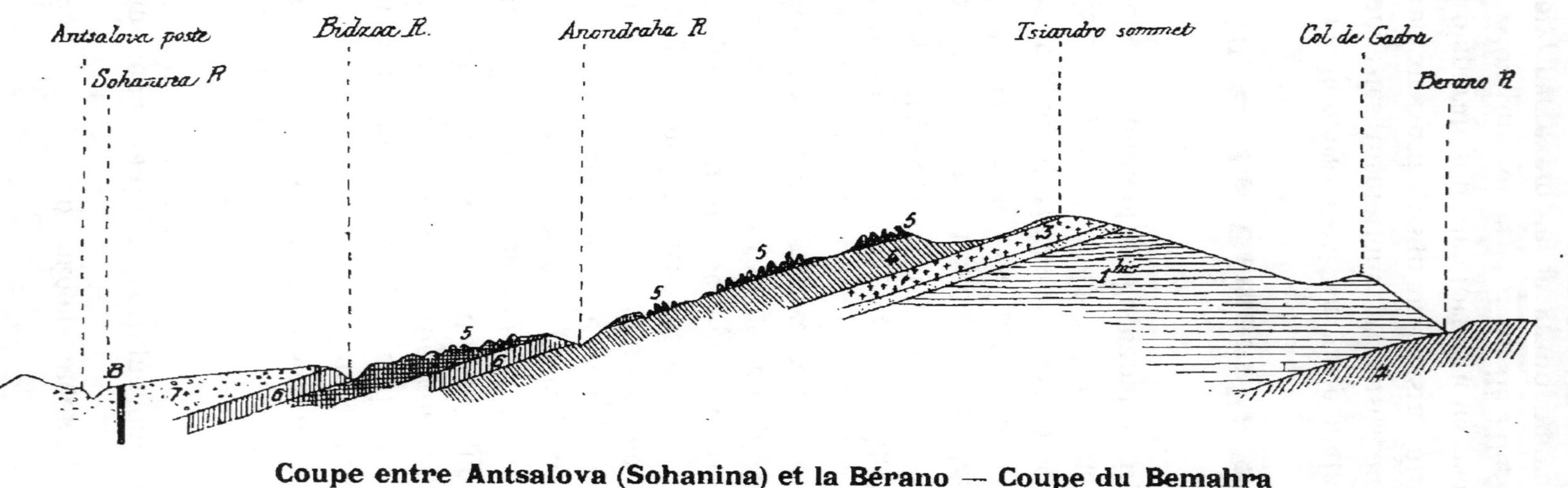

Coupe entre Antsalova (Sohanina) et la Bérano — Coupe du Bemahra

1 Grès triasiques.
1 bis Grès grossiers à troncs silisifiés.
2 Grès fins à ciment calcaire.
3 Calcaires durs.
4 Grès grossiers.
5 Calcaires à tsingy.
6 Calcaire marueux à belemnites.
B Coulée balsatique.

misérable qui sépare la côte de l'intérieur, est constitué par des terrains crétacés, le Bémaraha est formé,
au contraire, par des terrains jurassiques (bathonien,
bajocien).

Le faciès est différent au Sud et au Nord des crêtes
qui forment la ligne de partage entre les bassins de la
Morondava et de Tsiribihina. Au Nord, ce sont des calcaires grisâtres très durs. Je n'y ai pas découvert de
fossiles, mais M. Perrier de la Bathie a pu en trouver
quelques-uns sur la bordure occidentale, ils sont d'ailleurs assez mal conservés. Ces calcaires sont surmon-
tés par des calcaires coralliens très durs mais très
sensibles à l'action des pluies qui les ont découpés en
rocailles très curieuses et très accidentées appelées par
les indigènes des « Tsingy ». On ne rencontre quelques
fossiles que dans certaines couches supérieures formées par des calcaires marneux. M. Perrier de la
Bathie m'a indiqué l'existence d'un petit volcan, le
« Tongobory », au Nord de Békopaka. Il signale également entre le Manambolo et la Soahanina l'existence
de grosses veines basaltiques, dont l'une, à la limite
Ouest des calcaires de l'Antsingy, semble être la même
que celle dont j'ai parlé précédemment et l'autre serait
au faîte du ressaut infra-crétacé. Il m'a paru que les
grès triasiques reparaissaient au milieu du Bémaraha.
Peut-être cependant j'ai pu confondre deux grès d'aspect analogue, l'un appartenant au jurassique supérieur dans le Bémaraha, l'autre triasique (ou permien?)
au pied du Bongolava. J'ai récolté des échantillons qui
seront soumis à l'étude.

Au Sud de la ligne de partage des eaux des bassins
de la Morondava et de la Tsiribihina, on rencontre des
grès fins à lignites et à bois fossiles nombreux alter-
nant avec des calcaires marneux qui constituent pro-
bablement, d'après *M. Perrier de la Bathie,* le jurassi-

que moyen. Le jurassique supérieur est formé de calcaires jaunâtres. Les fossiles sont assez nombreux, en particulier sur la route de Mahabo à Malaimbandy, au Sud ces terrains sont constitués par des grès et des calcaires coquillers.

« Dans cette région, il y a presque toujours faille entre le jurassique moyen et le jurassique supérieur, faille qui est décelée par la non concordance des couches et leurs positions à des niveaux anormaux. L'infracrétacé, au contraire, paraît bien reposer avec concordance sur le jurassique supérieur. L'on remarque cependant au contact de ces deux terrains entre la Tsiribihina et la Morondava une veine de phonolithe parallèle à la base du ressaut infra-crétacé et ayant émis diverses coulées dont la plus importante est celle d'Antsoa. » (Perrier de la Bathie.)

La direction du Bémaraha est parallèle à celle du Bongolava, les deux crêtes sont à environ 25 kilomètres l'une de l'autre, mais à partir de Tsitondroina, le Bémaraha reprend légèrement la direction N.-O.

La coupe n° 2 donne approximativement les différents étages de terrain dans le Bémaraha.

Au point de vue topographique, le Bémaraha se présente de la manière suivante, lorsqu'on vient de l'Ouest, d'Antsalova, par exemple, pour se diriger vers l'Est.

Après avoir descendu au milieu des grès, jusque dans la vallée de la Bidzoa, descente assez difficile, dans une région mouvementée et sans végétation, on commence, à environ 9 kilom. d'Antsalova, à s'élever au milieu de calcaires, marneux d'abord puis qui deviennent très durs. La végétation d'abord nulle croît peu à peu pour former une grande forêt. C'est l'Antsingy aux roches dénudées et à pic, fouillis inextricable où les arbres, les lianes, la végétation la plus curieuse et la plus touffue se joint aux terribles roches pointues, travaillées par les eaux, pour former une citadelle imprenable dans laquelle vit ce peuple curieux des « Béhosy ». On marche ainsi pendant 10 kilomètres environ, passant sous des rochers surplombants qui semblent devoir se détacher pour écraser le voyageur assez imprudent pour s'aventurer dans ce dédale. On entre ensuite dans un terrain non moins mouvementé, aux montées pénibles mais où la végétation fait complètement défaut.

Des lits de ruisseaux nombreux formés d'énormes galets sont complètement à sec pendant 9 mois de l'année, pour se transformer, à la saison des pluies, en torrents furieux.

Il est aisé de se rendre compte de la force de ces torrents par la vue des énormes arbres qui, charriés par les eaux, ont été arrêtés par un obstacle quelconque, roches ou arbres de la rive. Après avoir parcouru environ 4 à 5 kilomètres dans une région désolée, on arrive sur un vaste plateau couvert d'une herbe épaisse et qui s'étend sur une largeur d'environ 10 kilomètres. On s'élève de nouveau d'environ une centaine de mètres sur un parcours de 12 à 15 kilomètres, au milieu d'un terrain difficile où les grès alternent avec les calcaires, pour arriver à la crête occidentale du Bémaraha.

Cette partie est couverte d'une médiocre végétation, mais dans tous les fonds coulent de frais ruisseaux au milieu de très beaux arbres.

La route d'Antsalova à Ankavandra par le Tsiandro, franchit la crête au col de Gadra. De ce point, la vue est splendide et s'étend jusqu'au Bongolava, sur toute la vallée permotriasique. Il est toutefois difficile de se rendre compte, en haut du col de Gadra, de la nature du terrain qui s'étend entre le Bémaraha et le Bongolava. Il semble au voyageur fatigué des montées pénibles du Bémaraha, qu'il va entrer dans une vaste plaine. Il n'en est rien et, comme on le verra plus loin, la vallée permotriasique présente un véritable chaos de collines, de hauteurs souvent à pic. La descente sur cette vallée est brusque et très difficile.

Le tracé que suit la piste qui va du col de Gadra à Ankavandra est très hardi, mais il ne paraît pas possible d'en suivre un autre sans augmenter les distances d'une façon exagérée. Le profil approximatif du Bémaraha est celui indiqué ci-contre.

Ce vaste plateau du Bémaraha est traversé par deux des grands fleuves de la côte Ouest, la Tsiribihina et le Manambolo. Les gorges au fond desquelles coulent ces deux fleuves diffèrent sensiblement. Celles du Manambolo sont formées par des parois taillées souvent à pic dans les calcaires sur des hauteurs de 20 à 30 mètres, les gorges de la Tsiribihina sont formées, au contraire, par des collines qui descendent en pente douce sur le fleuve dont la largeur atteint 120 à 150 mètres. C'est à peine si quelques endroits à pic permettent l'étude de la roche, qui est formée d'un calcaire très dur.

La végétation des deux rives est très touffue et composée d'arbres de haute futaie. Je dois avouer que j'ai eu une désillusion en traversant les gorges de la Tsiribihina. Je pensais traverser le Bémaraha au fond d'un véritable canon alors que je me suis simplement trouvé sur un fleuve bordé de collines de médiocre altitude et aux pentes assez douces.

Cette région du Bémaraha est une des plus curieuses de la côte orientale de l'île, elle en est la moins connue. Nous n'avons pas voulu chercher à y pénétrer par la force pour de sages raisons. En effet, au moment de la pénétration du pays Sakhalave, chaque fois qu'une tentative a été faite dans cette région, nos troupes n'ont pas réussi et presque chaque fois il y a eu des pertes à déplorer. Il suffit de parcourir le pays en suivant le sentier d'Antsalova à Ankavandra pour se rendre compte qu'il devait en être ainsi. La forêt de l'Antsingy, est encore aujourd'hui difficilement pénétrable par suite de la nature du terrain et il semble que les ordres qui prescrivent de l'encercler sans chercher à y pénétrer par la force sont très justifiés puisque l'on risquerait la mort d'un certain nombre d'hommes pour obtenir un résultat médiocre.

La forêt de l'Antsingy est habitée par ce que les gens du pays appellent les « Béhosy » ; ceux-ci, farouches gardiens de leurs bois presque sacrés, en défendent âprement l'accès. Ils n'attaquent pas et le voyageur peut circuler librement sur les quelques sentiers que nos tirailleurs ont tracés dans la forêt, entre les postes anciens ou actuels qui l'entourent, mais il ne doit pas s'en écarter.

Ces Béhosy ne veulent avoir aucun rapport avec les Européens qui ont conquis et occupent le pays, ils vivent dans de petites huttes, au milieu des clairières de leur forêt, où dans des grottes immenses creusées dans le calcaire. Ils coupent l'ébène dont le commerce est assez actif dans la région d'Antsalova et les habitants des villages soumis viennent le chercher en échange d'objets de première nécessité (lambas, toiles, couteaux, haches, etc.). Leur nourriture se compose de certaines racines, de tavolo en particulier et du produit de quelques cultures qu'ils ont au milieu de la forêt. Ils volent rarement des bœufs et la crainte qu'ont les indigènes soumis des habitants sauvages de l'Antsingy provient non pas tant des Béhosy, que des évadés de prisons, des criminels recherchés par notre police qui trouvent un refuge dans l'Antsingy. Ceux-là n'hésitent

ni à attaquer les bourjanes isolés, ni à aller voler des
bœufs dans la région d'Ankavandra.

Le seul moyen de tenir cette région et d'empêcher
ses occupants de devenir sinon dangereux, du moins
gênants pour notre autorité, est de l'entourer par des
postes, d'en faire parcourir la périphérie par des pa-
trouilles actives, de manière à empêcher autant que

Passage dans les roches de l'Aïnsingy

possible les relations avec les villages soumis, d'avoir
une police bien renseignée à l'intérieur, au moyen de
partisans qui peuvent faire connaître les faits et gestes
des Béhosy et autres. Enfin, il est nécessaire de faire
comprendre aux villages soumis l'intérêt qu'il y a pour
eux à se grouper et à arrêter par la force les dépréda-
tions dont ils sont les victimes. Ces procédés, actuelle-

ment employés, donnent de bons résultats et les habitants quels qu'ils soient, de l'Antsingy, ne présentent aucun danger et à peine quelques inconvénients.

La forêt de l'Antsingy est très riche au point de vue des essences. Le lopingo ou ébénier y est très répandu, les ébènes sont également représentés par l'hazomainty et l'hazomofana, moins noir que le précédent; la circonférence de ces arbres atteint 2 à 3 mètres et leur hauteur maximum est d'environ 10 mètres.

Le volovolompony, le tsimamasabary d'un blond fauve, le mangary ou palissandre, le hazoambo sont des bois d'ébénisterie très nombreux dans l'Antsingy.

Il faut citer aussi le nonoko, bois jaune très dur, le tainakanga, employé pour les membrures des bateaux, l'ambora, le mérona, bois blanc veiné de bleu, imputrescible, qui pourrait être employé pour des pilotis, le famelo ou bois blanc, très tendre.

Enfin, quelques arbres dont l'écorce textile est employée par les indigènes, le zahon, le vinoa et ceux dont la gomme ou résine est susceptible d'utilisation: l'hazongana à la résine rouge sang, employé par les Sakhalaves comme plante médicinale, le ramy.

Par suite de la difficulté de pénétration dans l'Antsingy, du manque de communications, toutes ces essences, ne sont pas, en général, exploitées; seul l'ébène donne lieu à un véritable commerce et les billes que j'ai pu voir à Antsalova sont, en général, très belles. Il est vendu par les indigènes aux commerçants de ce poste de 0 fr. 10 à 0 fr. 15 le kilogramme.

J'ai récolté sur le sommet du Bémaraha des fougères d'une espèce particulière qui seront envoyées à l'étude. Un certain nombre de ces fougères arborescentes atteignent de grandes dimensions, jusqu'à 3 mètres de hauteur, elles croissent dans les terrains calcaires secs du Bémaraha occidental.

La faune y est assez rare, on y rencontre des lémuriens: gidros ou makys rouges, les sifakas blancs, à tête noire ou propithèques de Verreaux, et comme gibier à plumes, des pintades.

Dans les gorges que la Tsiribihina et le Manambolo creusent au travers du Bémaraha, on rencontre comme dans toutes les rivières de l'île de nombreux caïmans.

MAKAY

Le Makay continue le Bémaraha vers le Sud, il y est relié par les hauteurs du Moha, aux sommets en forme de table et par le plateau d'Ambalimba.

Le Makay se termine au Sud, sur la vallée du Mangoky. Il ressemble beaucoup à l'Isalo, que j'ai eu l'occasion de voir très rapidement, lors d'un précédent séjour; sa direction est S.-S. O., N.-N. E.

Au point de vue géologique, il est formé par des grès grossiers que l'on a attribués au trias sans que rien puisse permettre de l'affirmer. *M. Perrier de la Bathie,* qui a parcouru le Makay, n'y a pas trouvé de fossiles, exception faite de nombreux bois silicifiés.

Ces grès doivent avoir une grande épaisseur « mais comme on ignore encore l'endroit où ils disparaissent sous les calcaires jurassiques et liasiques, il est impossible d'en mesurer la puissance, elle est certainement supérieure à 600 mètres ». (M. Perrier de la Bathie.)

Dans ces grès, on rencontre de nombreuses cavernes d'origine relativement récente, certaines atteignent d'assez grandes dimensions, comme celle d'Ankatondriana, sur le chemin de Mandabé à Béroroha.

J'ai fait, sans résultats, quelques fouilles et il semble

que les grés du Makay soient encore en équilibre trop instable au point de vue érosion, pour que ces grottes puissent présenter quelque intérêt. Elles ont, en général, été creusées par un seul éboulement et n'ont peut-être pas plus de 100 ans d'existence. Les grottes du Bémaraha, voisines de plaines fertiles où de tout temps la vie a dû être très active, présenteraient certainement un plus grand intérêt, mais il est difficile sinon impossible d'y pénétrer actuellement, si l'on veut éviter tout incident malencontreux.

Le Makay se présente encore comme un amas chaotique de hauteurs, au milieu desquelles les rivières se sont creusées des lits aux berges à pic.

La difficulté de tracer des routes dans ce massif a eu pour résultat de faire suivre comme chemins les lits de ces rivières, affluents du Mangoky. C'est dire suffisamment la difficulté des communications à la saison des pluies.

III. — VALLÉE PERMOTRIASIQUE

Je n'en saurai faire une meilleure définition que celle de M. Perrier de la Bathie qui lui a donné ce nom de vallée permotriasique.

C'est, dit-il, « une dépression parallèle à la mer ayant presque la longueur de l'île, limitée à l'Est par des terrains cristallins formant ressaut brusque de 100 à 400 mètres d'élévation lorsqu'ils sont constitués par des granits ou des gneiss francs, presque sans relief, au contraire, lorsqu'ils sont constitués par des schistes cristallophylliens, et à l'Ouest par un ressaut encore plus accusé de 100 à 800 mètres d'élévation, diamétralement opposé au premier et toujours constitué par des grès recouverts généralement tout au sommet par des calcaires liasiques ».

Dans le Ménabé, la vallée permotriasique a une direction N.-S., légèrement inclinée vers le N.-O.; elle est limitée à l'Est par le Bongolava, à l'Ouest par le Makay et le Bémaraha. Elle est formée par une suite de vallées où coulent du Nord au Sud la Sakény, affluent de la Tsiribihina, la Mania et le Mahajilo, le Manambolo et le Manambolo Maty, affluent du premier.

Les terrains dans lesquels se creuse cette vallée sont des grès fins et des schistes argileux dans lesquels on

Coupe N° 3

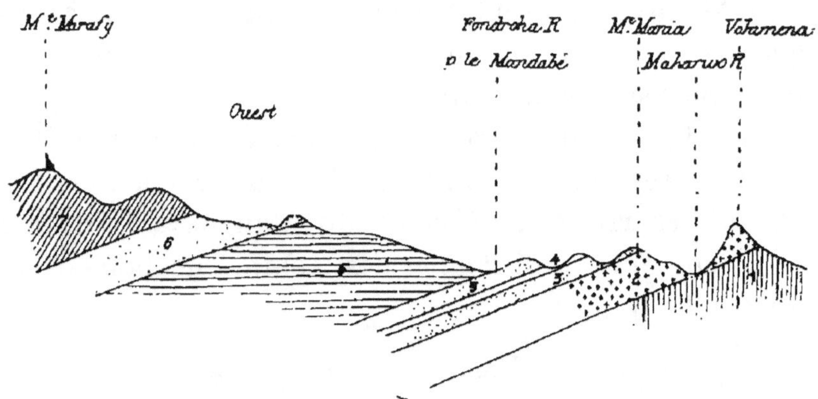

Coupe des terrains jurassiques au sud de la Morondava

1 Grès grossiers du lias ? à bois silicifiés.
2 Calcaire coquiller du jurassique moyen.
3 Grès fins à lignites.
4 Calcaire marneux.
5 Grès ⎱
6 Calcaires ⎰ Jurassique supérieur.
7 Grès du Crétacé.

rencontre des empreintes fossilifères de végétaux (en particulier des fougères) et de reptiles. Plusieurs de ces empreintes récoltées à Anboroky, à une heure à l'Est de Ankavandra, ont été envoyées au Museum.

Ces grés et schistes argileux paraissent avoir 40 à 50 mètres, entre Miandrivazo et Ankavandra, ils sont recouverts par environ 500 mètres de grès grossiers violacés, rougeâtres et qui m'ont rappelé ceux que j'ai vus dans le Sud de l'île, sur les hauteurs qui bordent la route, à l'Ouest, entre la Sakamema et Betioky. Dans ces grès grossiers, je n'ai rencontré comme fossiles que grès grossiers, je n'ai rencontré comme fossilles que quelques bois silicifiés. Il semble qu'il y ait une fracture entre ces terrains et les terrains cristallins.

Cette vallée mesure environ 20 à 30 kilomètres, pour s'élargir au Nord d'Ankavandra. Elle est d'un aspect mouvementé mais triste par suite de l'absence de végétation, sauf dans les vallées des fleuves ou rivières citées ci-dessus ; ce sont des mamelons plus ou moins élevés entre lesquels courent des rivières aux rives verdoyantes et dont la direction est en général Nord-Sud.

La ligne de partage des eaux entre ces différents fleuves est assez difficile à déterminer au milieu de ce chaos. C'est ainsi que l'on passe, sans le remarquer, du bassin du Manambolo dans celui de la Tsiribihina.

Il semble d'ailleurs qu'à une certaine époque, cette longue ligne d'eau déterminée par le Manambolo, la Haute-Tsiribihina et la Sakény ait formé une seule rivière, et il serait peut-être facile d'unir la Tsiribihina au Manambolo, en utilisant la dépression qu'occupe aujourd'hui le lac d'Andafia, entre la Manandaza, navigable jusqu'à Andovoka, et le Manambolo.

Ces cours d'eau sont tous bordés par de nombreux lacs et des marais ; ils sont, en général, navigables dans la plus grande partie de leur cours et il est intéressant de remarquer que tous sortent des terrains cristallins du Bongolava par des chutes que l'on pourrait utiliser (chutes de Mahajilo, de la Télomita, près de Miandrivazo), qu'ils ont leur point terminus de navigabilité dans cette vallée permotriasique, et qu'ils y forment par leurs alluvions de superbes plaines, d'ailleurs bien cultivées. Toutefois les cultures, les rizières en particulier, sont cachées par d'innombrables haies de bararatas élevées de 2 à 3 mètres, ce qui explique que le voyageur non prévenu qui parcourt ces régions ne voit rien et ne peut que déplorer la médiocre mise en valeur d'un pays aussi fertile.

M. Perrier de la Bathie s'exprime ainsi :

« Jusqu'au confluent de la Sakény et du Manambolo, affluent de la Sakény qu'il ne faut pas confondre avec le fleuve Manambolo, les alluvions riveraines sont encore un peu irriguées et cultivées, mais au-delà du Manambolo jusqu'au Nord de Miandrivazo, alors que la largeur de la vallée est occupée presque entièrement par les alluvions de la Sakény, de la Mania, du Mahajilo et de la Manandaza, la population devient clairsemée, il n'y a plus d'irrigation et les cultures manquent presque absolument. »

Là je crois pouvoir affirmer que M. Perrier de la Bathie se montre trop pessimiste et l'on s'explique cependant pourquoi il voit la situation sous un jour peu brillant, lorsqu'il dit plus loin :

« Il y a plus de 2.500 hectares de terres fertiles actuellement incultes couvertes de bararatas. »

Certes, il y a des bararatas, mais derrière ceux-ci sont des terres irriguées, des rizières superbes, et j'ai pu constater, guidé par M. le capitaine Gramont, commandant le secteur du Betsiriry, que certaines vallées, comme celle de la Manandaza par exemple, sont parfaitement cultivées.

Au-delà de la ligne de partage des eaux entre le Manambolo et la Manandaza, on parcourt des collines gréseuses présentant des ravins à pic et de longues vallées où coulent des ruisseaux qui sont à sec à la fin de la saison des pluies. J'ai parcouru cette région en fin septembre et les nombreux ruisseaux n'avaient plus une goutte d'eau. D'ailleurs cette région est inhabitée, sauf dans la vallée de l'Itondy où l'on rencontre quelques villages. Ce n'est qu'à Ankavandra que l'on retrouve la vie dans la belle vallée du Manambolo. Malheureusement les indigènes ne font des rizières qu'à la saison des pluies, alors qu'il leur serait facile de procéder à une irrigation rationnelle. Au-delà d'Ankavandra on continue vers le Nord dans les collines gréseuses où les terres cultivables sont rares.

Ainsi dans l'ensemble, à part les vallées indiquées ci-dessus, le pays présente un aspect monotone et triste, sans végétation importante. La population y est relativement peu nombreuse. Elle ne présente plus ici l'autonomie que l'on trouve dans les autres régions du Ménabé précédemment étudiées. Les villages Ambaniandros, hovas ou betsiléos alternent avec les groupements Sakhalaves et, dans certains villages même, la population est mixte ; toutefois ce cas est peu fréquent, car les deux races ont peu de tendance à se mélanger. Les Hovas ont occupé le pays sous Radame Ier, un grand nombre de leurs postes formaient une avancée sur le pays Sakhalave.

On trouve des traces de cette occupation dans les anciens rovas comme ceux d'Ankavandra, de Manandaza et de Miandrivazo, mais jusqu'à notre arrivée cette occupation n'était qu'illusoire et les Sakhalaves étaient les maîtres incontestés du pays.

A la suite de notre occupation, les colonies ambaniandros se sont augmentées et il serait facile d'attirer dans les vallées très riches de cette région de nouveaux colons. Je ne crois pas d'ailleurs que le prestige guerrier dont les Sakhalaves jouissaient avant l'arrivée de nos troupes existe encore aujourd'hui, les gens du centre qui s'expatrient pour venir s'installer dans le pays savent très bien qu'ils peuvent compter sur nous pour réprimer les instincts pillards de leurs anciens adversaires, aussi leur nombre augmente-t-il de jour en jour. Ils trouvent un bien-être plus grand, la tranquillité absolue, et la crainte des Sakhalaves n'existe plus pour eux. Le procédé que l'on a indiqué pour les attirer et qui consiste à « exonérer partiellement et temporairement d'impôt » semble en opposition avec le sentiment de justice. Il n'y a aucune raison pour que ceux-ci, mieux partagés que les habitants de l'Emyrne et du Betsiléo au point de vue des terrains qu'ils ont à se répartir, moins chargés par les impôts qui sont moins élevés en pays sakhalave que dans leur pays d'origine, soient ainsi par trop favorisés. L'infiltration ambaniandro se fait lentement, mais sûrement, et les travaux d'irrigation qui sont peu à peu entrepris et qui mettent le terrain en valeur attireront chaque année de nombreux cultivateurs venus des régions centrales. D'ailleurs, les Sakhalaves se mettent peu à peu à l'œuvre, encouragés par les résultats obtenus par les Ambaniandros dans ces régions. Certains villages et de nombreuses cultures leur appartenant peuvent soutenir la comparaison avec ceux des gens venus du centre. N'allons pas trop vite en besogne, laissons l'évolution se faire peu à peu, encourageons par tous nos moyens les travaux agricoles entrepris et dans quelques années ces pays seront mis en valeur, aussi bien, par les premiers occupants que par les nouveaux venus toujours plus nombreux.

Les travaux d'irrigation au moyen des dérivations du Mahajilo et des chutes de la Télomita à Miandrivazo, la dérivation du Manambolo par l'irrigation de la rive gauche du fleuve à Ankavandra, ont été mis à l'étude, et l'emploi judicieux de la main-d'œuvre prestataire, aidée par les subsides de la colonie, permettra de les entreprendre et de les mener à bonne fin, donnant une valeur plus grande à des terrains déjà cultivés aujourd'hui. La piste qui rejoint Malaimbandy-Miandrivazo-

Ankavandra a été fort améliorée en 1911, c'est dans un grand nombre de tronçons une véritable grande route qui pourra être suivie en toute saison par suite des travaux d'art qui y ont été construits. Cependant, son intérêt économique est encore médiocre par suite de l'insuffisance de la main-d'œuvre employée pour la mise en valeur de ce pays. Les véritables voies suivies sont les voies naturelles, les cours d'eau, qui ont presque tous leur point terminus de navigation dans cette vallée permotriasique; la route précitée relie ces différents points et il faut espérer qu'elle arrivera plus tard, lorsque le pays aura atteint un plus grand rendement, à y amener tous les produits de la vallée.

C'est ici que l'emploi de la main-d'œuvre prestataire trouve son emploi en même temps dans les travaux d'intérêt local et général.

Dans le Sud de la vallée permotriasique, vers Béroroha, j'ai eu l'occasion de voir les travaux d'irrigation par les populations Baras-Tanalas et il m'a semblé que là il n'y avait rien à apprendre à ces cultivateurs qui ont en quelque sorte l'instinct des travaux à entreprendre pour enrichir leurs terres. En dehors des cultures et des vallées, les mamelons gréseux ne sont recouverts d'aucune végétation. Toutefois, au creux des ravins on rencontre un certain nombre d'arbres de la famille des palmiers, tels sont: le dara qui n'est autre, je crois, que le palmier à huile de Guinée; le tsinguilo, dont les fibres sont employées pour faire des chapeaux; le rafia, trop connu pour que j'indique ici ses multiples emplois; le ravinala, aux larges feuilles et dont la tige donne aux indigènes une liqueur sucrée; le dimaka, dont la pulpe fibreuse des fruits est sucrée et sert à fabriquer de l'alcool.

Cette région est celle des prospecteurs: c'est, en effet, sur la ligne de contact entre les terrains archéens et les terrains sédimentaires, que doivent se trouver des traces de minéralisation intéressantes. Je n'ai pu la visiter, mais les échantillons que certains prospecteurs ont bien voulu m'envoyer ont été expédiés au laboratoire de minéralogie du Museum.

C'est entre Ankavandra-Miandrivazo et au Sud de ce centre que les chercheurs d'or ont installé leurs tobys. Certains prospecteurs et, en particulier, la Compagnie Lyonnaise de Madagascar, récoltent une quantité d'or très rémunératrice. Rarement l'or est trouvé en pépites ou en filons, c'est surtout par l'exploitation des sables des rivières par le procédé de la battée que se fait la récolte de l'or sous forme de poudre. Il est acheté environ 1 fr. 80 le gramme aux indigènes qui se livrent à sa recherche.

Y a-t-il de la houille dans cette région ? La question doit se poser, puisque c'est dans dans des terrains identiques, à la base des dépôts de grès et des schistes dont la partie supérieure a pu être classée dans le permien, que le regretté capitaine Colcanap a trouvé le bassin carbonifère du haut Onilahy.

Le capitaine Colcanap, devenu administrateur des colonies, m'écrivait quelque temps avant sa mort les renseignements suivants sur la formation carbonifère qu'il venait de découvrir sur l'Onilahy:

« Il (l'Onilahy) traversait dans la dernière partie de son cours, à l'époque primaire, une dépression où il abandonnait une partie des matériaux qu'il transportait, blocs et cailloux roulés, sable, argile et débris de végétaux. Par suite de l'allure torrentielle du cours d'eau, occupé constamment à détruire les barrières que la mobilité du sol créait sur son passage, la sédimentation devait être très troublée dans ce premier bassin de dépôt. Le fleuve se déversait ensuite dans la mer par une brèche de la ride cristalline qui formait falaise le long du rivage.

« Les matériaux de toutes espèces que l'Onilahy avait chariés jusque-là se déposaient alors en eau libre selon leur densité, les galets d'abord, les graviers ensuite et enfin les corps légers ou flottants dont la chute est lente : argiles et végétaux.

« Les couches de houille ont dû se déposer dans le bassin lacustre pendant ces périodes, mais le fleuve s'attaquait immédiatement à ces digues qui s'opposaient à son passage, reprenait son cours normal dans l'estuaire marin de l'Onilahy où les couches de charbon pouvaient se déposer dans des conditions favorables ».

Pourquoi ce qui est vrai pour le Mangoky du Sud ne le serait-il pas pour les autres fleuves de la côte Ouest qui ont subi les mêmes transformations ?

Il faut déterminer aussi exactement l'emplacement des estuaires primaires qui sont aujourd'hui recouverts par les sédiments permiens et triasiques. La prospection semble impuissante, car je crois que si de pareils gisements houillers existaient à l'affleurement, ils auraient été signalés par les indigènes qui parcourent ces terrains dénudés ; mais on peut procéder à des sondages.

Toutefois, pour s'engager dans de pareils travaux, il serait nécessaire d'avoir des renseignements plus précis sur les sédiments permiens qui recouvrent les formations secondaires. Les sondages, en effet, devraient se faire sous les terrains secondaires, car il est à supposer que la violence du courant à l'époque permienne n'a pas permis aux alluvions végétales de se poser en grandes masses à proximité du cristallin.

* *
*

Pétrole. — Des travaux de sondage ont été entrepris

par une compagnie dans la région de Folakara, à une journée de marche environ au Nord-Ouest d'Ankavandra. La découverte de grès pétrolifères permettait d'espérer d'arriver à des couches de naphte, mais un sondage opéré de 300 mètres n'a donné aucun résultat.

Toutefois, le terrain dans lequel on a opéré le sondage est sur le prolongement d'un synclinal. Au fond des

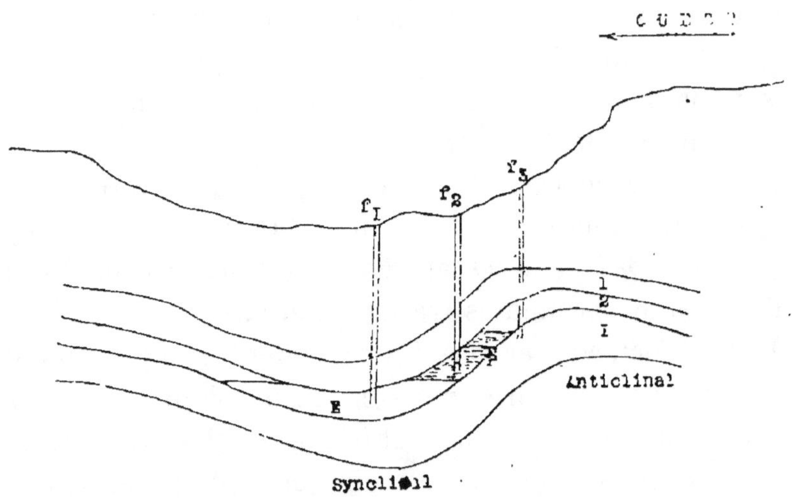

Couche pétrolifère de Folakara

1. Couche imperméable.   P. Pétrole.
2. Couche pétrolifère.   E. Nappe d'eau.
         f f f. Forages
         1 2 3.

thalwegs, les eaux ont pu se concentrer entre deux couches imperméables qui retiennent également la naphte, celle-ci est repoussée par pression sur le prolongement du synclinal et si les sondages sont opérés trop bas on rencontre les eaux, s'ils le sont trop haut, vers le sommet de l'anticlinal, on ne rencontrera pas la couche cherchée; il en résulte que le sondage doit être fait dans des points qui permettent d'arriver à la couche recherchée; les sondages 1 et 3 ne donneront que des résultats négatifs alors que le sondage 2 mènera à la couche pétrolifère (voir figure). Cette théorie est, m'a-t-on dit, celle des ingénieurs américains qui ont entrepris de nouveaux sondages.

Il est certain que ces sondages permettront d'avoir des données précises sur les couches rencontrées, mais actuellement la recherche du pétrole n'est basée que sur la présence des grès pétrolifères dans la région et sur certaines théories savantes qu'il ne m'appartient pas de juger, mais il ne semble pas, dit M. Perrier de la Bathie, « qu'il existe de pli dans toute la vallée permotriasique qui puisse faire espérer la concentration d'huile minérale ». Ces plis existent cependant, puisqu'on signale à Folakara la présence d'un anticlinal. Peut-être se trouve-t-on en présence d'un isoclinal, les prolongements du pli étant, dans le même sens, inclinés d'une façon régulière vers l'Ouest. Je n'ai d'ailleurs pas eu le temps de visiter Folakara et mes renseignements ne me permettent pas d'insister sur cette question fort intéressante. Toutefois, les échantillons des grès pétrolifères qui ont été soumis à l'étude permettent de croire à la présence de couche de naphte dans ces régions.

Chaux. — Je n'en dirai qu'un mot. Il s'en fabrique à Miandrivazo par la calcination de cipolin dont j'ai recueilli quelques échantillons. Ces cipolins se trouvent en longs bancs sur la rive droite du Mahajilo, très près du fleuve et ne donnent d'ailleurs qu'une chaux assez médiocre.

Telle est cette vallée permotriasique qui semble devoir être appelée à un avenir assez important, puisqu'on y trouve des alluvions permettant de riches cultures, des terres aurifères, des terrains miniers; mais il ne faut présumer de rien : les bras viendront-ils assez nombreux mettre ce pays en valeur ? L'avenir seul pourra nous renseigner et je ne crois cependant pas qu'il soit aussi proche que certains esprits par trop optimistes semblent devoir le supposer. Cette étude, pour être complète, doit comporter celle des vallées des grands fleuves Mangoky-Tsiribihina-Manambolo, que j'exposerai plus loin dans un chapitre séparé.

IV. — LE BONGOLAVA

Les terrains permiens sont séparés des terrains cristallins par une ligne de fracture « très nette suivant presque partout la ligne de contact ». Il y a là un chaos formé par les grès permiens (?) et les schistes cristallophylliens. Ce sont des collines affectant la forme des kopjes de l'Afrique du Sud, ou des ressauts brusques, parfois à pic, qui forment transition avec les hauteurs du Bongolava.

Celles-ci sont constituées par des gneiss et des granits. Elles s'étendent sur une largeur d'environ 30 kilomètres à vol d'oiseau, formant le rebord occidental de l'île.

Outre que ces terrains n'offrent qu'un intérêt médiocre au point de vue géologique, je ne m'attarderai pas à leur examen, la limite du pays que j'ai voulu étudier ici se trouvant aux premières crêtes de l'Ouest.

Le pays est mouvementé, sans végétation et les sommets y atteignent jusqu'à 1,100 mètres. Les principaux entre Ankavandra et Béroroha sont le Mavorahona, l'Andovoka, l'Andranomainty, l'Andranomena, l'Antsingilo, etc., tous dépassent 700 mètres.

A peine quelques sentiers les traversent-ils et les communications entre l'Ouest de l'île et le Plateau central sont peu nombreuses. Les principales voies de pénétration en dehors des fleuves sont le sentier qui va d'Ankavandra à Tsiroanamandity, la route de Miandrivazo à

Bétafo par les tobys de Dabolava et Ramartina, la route de Malainbandy à Ambositra par Janjina. Ce ne sont, d'ailleurs, là, que des pistes filanzanières.

En dehors des tobys, les villages y sont très rares; la vie étant difficile dans ces régions dénudées s'est reportée dans les vallées que je viens d'étudier.

V. — LES GRANDS FLEUVES

Mangoky, Morondava, Tsiribihina, Manambolo

1. *Mangoky*. — Le Mangoky forme la limite Sud du Ménabé. Il traverse les terrains archéens dans des gorges assez étroites et fort curieuses. Il ne devient navigable qu'à Béroroha, à 250 kilomètres environ de la mer. Cependant certains piroguiers vezos remontent jusqu'à l'embouchure de la Ménamaty et même à celle de Mahasoa, affluent de la rive gauche qui se jette dans le fleuve à sa sortie des terrains cristallins, à 60 kilomètres en amont de Béroroha. Cette navigation ne peut se faire qu'en mourlangues, pirogues à fond très plat calant 20 centimètres.

Les pirogues de mer ne remontent pas plus loin que Béroroha. Les Vézos les accouplent de manière à leur permettre de transporter 1.500 kilos au maximum. Au-delà de Béroroha, le fleuve s'élargit et chaque année inonde ses rives sur une assez grande étendue au moment des crues.

Les habitants de la vallée sont alors obligés de se réfugier sur de très faibles mouvements de terrains qui séparent les affluents, et leurs troupeaux doivent rallier vers le Nord, sur les plateaux plus élevés où l'herbe pousse en abondance à la saison des pluies. Après le retrait de l'eau, les alluvions de la vallée se transforment en de vastes pâturages.

Les rives du fleuve sont, en général, boisées vers le Sud, et couvertes de cultures qui deviennent de plus en plus importantes, au Nord. Les alluvions déposées au moment des crues fertilisent cette vallée où les villages sont nombreux; ils ne se trouvent pas placés sur le fleuve lui-même par suite des crues et de l'impossibilité d'utiliser l'eau du fleuve pour irriguer les rizières, le niveau des eaux variant constamment. Les cultures les plus importantes sont le riz dans la région du Haut-Mangoky et les pois du Cap dans le Bas-Mangoky et le delta.

Les demandes devenant chaque année plus importantes, la culture du riz va en croissant, on peut estimer à plus d'un millier de tonnes par an la production de la région de Béroroha où il se fait deux récoltes dans l'année.

Le pois du Cap, qui ne réussit pas dans le Haut-Mangoky, la saison des pluies y commençant de très bonne heure, est au contraire la culture importante dans la partie inférieure de ce fleuve. La production en 1910 a été d'environ 800 tonnes, elle promet d'être supérieure en 1911. La valeur des pois du Cap augmente d'une manière exagérée: en 1909, le prix moyen était de 0 fr. 15 à 0 fr. 20 le kilog.; il s'est élevé, en 1910, à 0 fr. 30 et atteint 0 fr. 40 et même 0 fr. 45 en 1911. Ces différences proviennent de la concurrence que se font les commerçants de la région qui risquent, en payant de pareils prix, de perdre des sommes importantes si les cours qui se sont élevés par suite de raisons momentanées tombent brusquement sur les marchés d'Europe.

Les populations qui habitent la vallée du Mangoky au Nord, se composent de Tanalas. Ceux-ci ont séjourné longtemps chez les Baras avant de venir se fixer dans le pays, d'où leur nom de Baras-Tanalas. Ils se rattachent d'ailleurs au Baras d'Ankazoabo et de Bétroky, et leurs anciens m'pandjaka, dont certains sont devenus des auxiliaires de notre administration comme chefs de canton ou gouverneurs, appartiennent à la famille des Zafimanelos, de laquelle proviennent depuis plus d'un siècle les rois des différentes tribus baras.

Les Tanalas sont des gens assez indépendants. Très bons cultivateurs, ils répugnent cependant à vivre groupés et les villages propres et spacieux dans lesquels nous désirons les voir s'installer ne sont pas ce qui leur plaît le mieux de toutes nos exigences.

Le courant d'émigration des Baras, du Sud au Nord du Mangoky, qui existait déjà avant notre occupation, se continue encore actuellement, il est moins marqué cependant. La raison en est dans l'interdiction pour les bovidés de passer du Sud au Nord du Mangoky. Les populations du Sud sont moins nombreuses que celles du Nord, leurs troupeaux sont très importants et les pâturages sont chez elles plus rares et surtout de médiocre qualité. Les Baras cherchent donc à venir s'installer avec leurs bœufs dans les régions les plus favorisées du Nord du fleuve où ils trouvent d'excellents terrains de culture et des herbages riches et nombreux; mais l'arrêté qui interdit aux bœufs de passer au Nord les force à s'arrêter à la limite indiquée. Ils ne s'installent que sur les environs immédiats des deux rives pour cultiver au Nord et garder leurs bœufs au Sud.

C'est ce qui explique la présence de nombreux villages sur les bords du fleuve dont ils se rapprochent autant que les crues de l'hivernage le leur permettent.

Les tribus baras-tanalas qui ont pu passer sur la rive droite du Mangoky avec leurs troupeaux, avant la mise en vigueur de l'arrêté précité, se sont, au contraire, étendues largement sur le pays; on en rencontre dans les régions de Manja, Mandabé, Mahabo et même au Nord de la Morondava, jusque sur la Tsiribihina. Ce peuple travailleur, composé de cultivateurs, s'est établi partout où il a trouvé de bons terrains à mettre en valeur.

Dans la partie inférieure du fleuve, les Baras font place aux populations vézos, qui constituent l'élément maritime. Avec leurs grandes pirogues de mer, les Vézos vont d'Ambohibé à Tuléar ou Morondava chercher des marchandises à transporter; avec leurs petites pirogues de mer, ou les mourlangues, ils remontent le fleuve fort en amont de Béroroha. Ces Sakhalaves sont des marins remarquables; malheureusement, en dehors de leurs bateaux, la paresse et l'ivrognerie en font une population médiocre qui ne peut qu'aller en s'affaiblissant au point de vue physiologique. Les Sakhalaves proprement dits sont, comme dans tout le reste du Ménabé, paresseux, ivrognes, superstitieux; leurs cultures sont médiocres, elles se composent uniquement de ce qui est nécessaire à leur propre existence, c'est-à-dire quelques plantations disséminées, de manioc, de maïs et de pois du Cap. La vente de ces derniers, lorsque la récolte dépasse les besoins, la recherche d'un peu de caoutchouc, leur donne les moyens d'acheter ou d'échanger les objets de première nécessité aux commerçants hindous ou grecs de Manja ou d'Andranopasy. Leur seule richesse réside dans leurs troupeaux, qu'ils soignent cependant moins bien que les Baras.

Chez ceux-ci, le bétail est remarquable et on ne signale aucune des épizooties qui diminuent souvent les troupeaux sakhalaves.

Quoiqu'il en soit, le cheptel de cette région du Mangoky augmente sensiblement, il atteint plus de 26.000 têtes dans le gouvernement de Béroroha, mais pour le Bara comme pour le Sakhalave, le bœuf ne doit pas être vendu. Il est réservé pour être abattu et mangé aux différentes cérémonies religieuses, nombreuses chez ces peuplades superstitieuses, ou pour être tué au moment des funérailles de son propriétaire ou de la famille de celui-ci.

Les principaux affluents : Mahasoa, Makaykely, Makaybé, Marérano (grossie de la Piricka) viennent du Makay. N'ayant que peu d'eau à la saison sèche, ils deviennent de véritables torrents à la saison des pluies. Ils traversent les régions désertiques du Makay, au fond des ravins creusés dans les grès grossiers très friables de ces montagnes. Aucun d'eux n'est navigable et ce n'est qu'en débouchant dans la plaine alluvionnaire du Mangoky qu'ils arrosent quelques villages et rendent des services pour l'irrigation du pays.

L'Ianandranta, qui vient des hauteurs du même nom, forme une coupure profonde dont la largeur mesure jusqu'à 200 mètres. L'eau y coule toute l'année et elle atteint plusieurs mètres à la saison des pluies. Non loin du village d'Ianandrata et jusqu'à leur confluent avec le Mangoky, les eaux de la rivière se répandent dans une plaine basse, marécageuse, impraticable pendant huit mois de l'année.

Dans cette plaine qui affecte la forme d'un triangle de 7 à 8 kilomètres de côté et dont les sommets sont Ianandrata au Nord, Vondrové et l'ancien village Ambatolahy, sur le Mangoky, pâturent de nombreux troupeaux.

Sur le Bas-Mangoky, entre Tsianihy, Soarita, Bengy et Antévamena, se trouve une grande forêt. Les rivières Piricka, affluent de Marérano, et Betorabato, affluent du Mangoky, traversent également des forêts importantes.

Un certain nombre de commerçants hindous ou créoles de la Réunion sont installés sur le Bas-Mangoky où ils font un commerce médiocre de peaux, de caoutchouc

et de pois du Cap. Ce sont surtout les commerçants
européens et les hindous d'Ambohibé qui font les gros
achats de pois du Cap et les affaires importantes de
cette vallée du Mangoky. Aucune concession importante
n'est à signaler dans cette région, le pays est mis uniquement en valeur par les indigènes tanalas ou sakhalaves.

Pour terminer l'étude de la vallée du Mangoky et de
ses habitants, il faut signaler la présence d'un certain
nombre d'Ambaniandros (Hovas ou Betsileos) qui font
actuellement le commerce ambulant ou travaillent aux
rizières. Les terrains de culture très riches qui se trouvent sur le bord du fleuve semblent devoir attirer peu
à peu ces habitants des hauts plateaux.

Morondava

La Morondava est un fleuve moins important que le
Mangoky, sa longueur est d'environ 250 kilomètres
mais les terrains qu'il traverse ne présentent d'inté-

Pont de fortune sur le canal Hellot près Morondava

rêt au point de vue économique que dans la partie inférieure de son cours

Elle prend sa source dans les monts Kérimboly, à
l'extrémité Nord du Makay, dans la région où ce massif se confond avec les hauteurs du Moha. Il y a là

une ligne de partage des eaux assez nettement marquée entre les bassins du Mangoky, de la Sakény et de la Morondava et que jalonnent les cols de Vinanitelo et de Passandrotsy. Des sources de la Morondava à celles de la Sakény il n'y a environ que 15 kilomètres à vol d'oiseau et le Mangoky passe au maximum à 45 kilomètres de ces sources.

La Morondava coule dans une direction Nord-Ouest au milieu de grès grossiers, dans une région mamelonnée et désertique laissant les terrains triasiques à l'Est. Il semble toutefois que les grès du trias reparaissent en certains endroits sous les calcaires jurassiques dans lesquels le fleuve pénètre après avoir reçu la Fanika sur sa rive gauche.

Ces calcaires jurassiques sont la continuation de ceux du Bémarha vers le Sud, leur limite est marquée à l'Ouest par la ligne Béronono, Mandabé et le fleuve Bémarivo, ils forment une région aussi pauvre, aussi monotone que celle qu'a parcourue le fleuve dans les grès.

Les contreforts du Bévony (Tsiandava) rejettent la Morondava vers l'Ouest. Elle gardera cette direction jusqu'à la mer. Dans cette première partie de son cours elle a reçu sur sa rive gauche la Fanika qui coule au milieu des calcaires jurassiques dans une région aussi dénudée que celle que traverse le fleuve lui-même. Toutefois les rives mêmes de la Fanika sont boisées et sa vallée s'élargit en certains endroits, elle est couverte alors par des grands bois ou des pâturages.

Avant de pénétrer dans les terrains crétacés, la Morondava reçoit sur sa rive droite la Sakamaly ; cette rivière vient du nœud orographique d'où est sorti le fleuve lui-même, elle descend du col de Passandrotsy et se dirige vers le Nord au milieu des grès.

Les hauteurs de Soaravéléhibé la forcent à se diriger vers l'Ouest jusqu'à son confluent avec la Morondava. La région qu'elle parcourt est assez pauvre, désertique. avec quelques pâturages à la saison des pluies Elle reçoit la Mitsolaka, à environ 30 kilomètres avant de confluer avec la Morondava. Cette rivière vient du Nord des hauteurs de l'Andranobilo, elle suit le pied du massif du Bévony, traversant un pays dénudé que mamelonnent les contreforts du Bévony. Ce dernier, qui culmine environ 600 mètres, est sauvage, couvert en grande partie de forêts et assez difficile. Tous ces affluents de la Morondava n'ont que peu d'eau à la saison sèche, alors qu'aux pluies ce sont des rivières larges au cours rapides et dangereux.

La Sakény, à quelques kilomètres avant de rencontrer la Monrondava, traverse le groupement de Béronono. Cette région autrefois très pauvre a été mise en valeur par des groupements de Baras tanalas qui, étant remontés peu à peu vers le Nord. ont trouvé là des terrains de culture qu'une irrigation facile à établir allait transformer en rizières.

Le fleuve coule alors dans une vallée assez large formé par les dépôts de ses alluvions. Des travaux de digue et de canalisation importants fertilisent les groupements qui le bordent. tels sont Manamby et surtout Mahabo. La population de ce dernier centre s'élève à 980 habitants, en grande partie Sakhalavas. Toutefois une centaine de Betsileos et autant de Tanalas s'y sont installés, et c'est grâce au concours de ces gens laborieux, à leur instinct de culture, qu'on a pu entreprendre des travaux comme celui du canal de Mahabo ; tous les environs de Mahabo sont couverts d'immenses rizières où se font deux récoltes dans l'année.

50   ÉTUDE GÉOGRAPHIQUE ET GÉOLOGIQUE

En face de Mahabo, sur la rive gauche du fleuve, le
village de Mananjaka a 320 habitants.

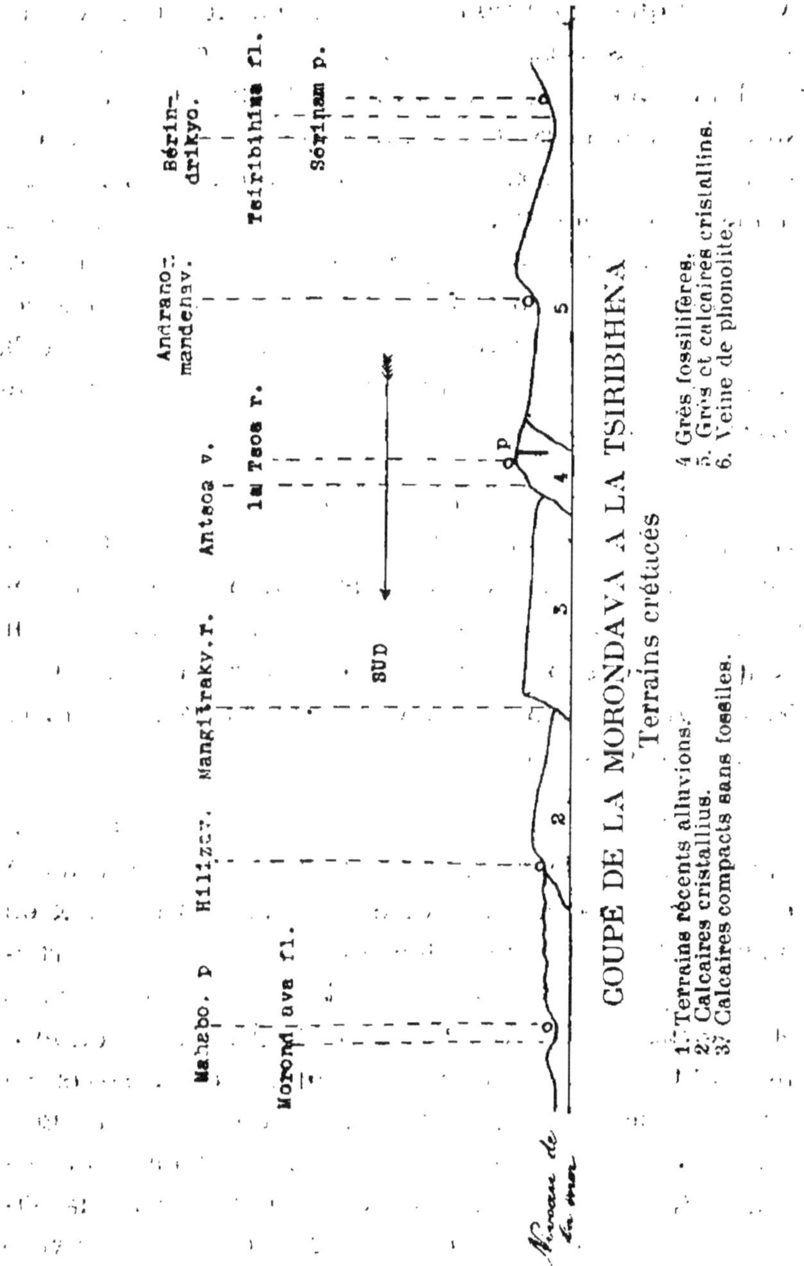

Le centre de Mahabo, est fort important au point
de vue politique, c'est l'ancienne résidence de la reine

du Ménabé Rasimaotra, décédée en 1905 ; c'est là que convergent les routes venant de Malaimbandy (Sakény), de Mandabé (Mongoky, par Béroroha), de Séninam (Tsiribihina) et de Morondava qui est le débouché du Ménabé central sur la mer. C'est là aussi le point extrême de la navigabilité du fleuve en saison sèche ; au moment des pluies, de décembre à mai, les pirogues de mer chargées à 400 kilos peuvent remonter jusqu'au Manamby, à 15 kilomètres en amont de Mahabo. Les mourlangues qui, de juin à novembre, vont jusqu'à Mahabo, ne portent pas plus de 200 kilos.

La vallée de la Morondava, de sa source à Ampandro (à 16 kilomètres de la mer) est peuplée à peine par 5.000 habitants. C'est à Ampandro que commence le delta du fleuve, le bras du Nord va se jeter à Ambato-sur-Mer, celui du Sud à Lovobé.

A Ampandro, le fleuve a environ 300 mètres de large à la saison sèche, sa profondeur ne dépasse pas 0 m. 50 ; au moment des crues, il a près de 500 mètres sur 2 m. 50 de profondeur.

De Mahabo à Ampandro, le fleuve traverse la grande forêt qui s'étend sur 40 kilomètres en largeur et qui suit la côte du Ménabé depuis le Mangoky à la Tsiribihina.

Les essences précieuses : palissandre, nato, hazomalanga (faux camphriers), ébène, sont assez nombreuses, mais cette zône forestière a dû être fermée en 1906, pour arrêter une exploitation intensive qui ruinait le pays et pour permettre aux jeunes pousses de prospérer.

La route de Morondava à Mahabo (16 kilomètres), toujours en forêt, suit le fleuve sur la rive droite ; elle est fréquentée par de nombreuses charrettes d'hindous qui amènent à la côte les produits de la région de Mahabo.

Dans les grandes clairières de la forêt, irriguées par les eaux du fleuve, sont cultivées de belles rizières. Les plus importantes sont celles d'Analaivo, gros village de 700 habitants bâti au milieu de la forêt, et devant lequel les rizières s'étendent jusqu'au fleuve.

Le delta de la Morondava était autrefois peu cultivé, quelques villages Sakhalavas et Makoas végétaient entre les deux bras de Lovobé et d'Ambato, faisant sur quelques maigres terrains des cultures de manioc et de maïs.

La population peu nombreuse vivait du pillage, de vols de bœufs et de la pêche, sous la surveillance très illusoire du gouverneur Hova établi à Morondava (alors Nosy Miandroka).

Ce n'est qu'après notre occupation que le capitaine de génie Hellot (aujourd'hui colonel) trouvait la trace du canal qui, en empruntant les eaux de la Morondava en aval d'Ampandro, les amenait à la mer, suivant environ la bissectrice de l'angle formé par les deux bras du Nord et du Sud.

Le canal traverse une région dont le sol est très fertile et amène, à Morondava, qui jusque là n'avait que des puits donnant une eau médiocre, les apports du fleuve qui s'écoulaient autrefois par les deux bras.

Le percement du canal Hellot eut une grande importance au point de vue économique, il permit l'irrigation des terres fertiles du delta, les agglomérations s'augmentèrent peu à peu, les cultures de toutes natures en particulier du riz et des pois du Cap furent entreprises, et aujourd'hui le delta forme une région très riche, avec un excellent débouché sur la mer qui est le port de Morondava. Le delta est peuplé aujourd'hui par environ 2.000 habitants, vézos de la côte, Sakhalavas de l'intérieur, Makoas et Ambaniandros.

Les premiers ne s'occupent guère que de pêche ou de

cabotage ; 40 goélettes de tous tonnages sont inscrites au port de Morondava. Les Sakhalaves de l'intérieur sont surtout pasteurs, et l'on compte à peu près 10.000 têtes de bétail dans la partie inférieure du cours de la Morondava, d'Ampandro à la mer ; les bœufs trouvent leur nourriture sur le bord du canal ou plus au nord, ou au sud vers la Mondroatsy ou le Maharivo supérieur.

Baobab — Ménabé central

Les Makoas sont d'anciens esclaves des Sakhalavas ; ils constituent un élément travailleur au milieu de la population autochtone essentiellement paresseuse ; malheureusement ils s'adonnent trop facilement à la boisson.

Les Ambaniandros ont été attirés par la richesse du delta, ils forment à Morondava même, un groupement important vivant du produit des cultures, riz, pois du Cap qu'il étendent de plus en plus. Un certain nombre travaillent comme porteurs de filanzane, métier qui répugne au Sakhalava. Ces gens venus des hauts plateaux ne se fixent pas définitivement dans les régions, ils aspirent au retour dans leur pays qui leur convient d'abord mieux que la côte au point de vue sanitaire.

Pour terminer l'étude du fleuve, il faut dire un mot de Morondava qui tend à devenir un centre assez important. La ville compte actuellement plus de 1.000 habitants ; la population européenne ou assimilée s'y élève à 76 au recensement de 1911. Les commerçants y sont nombreux, et le chiffre des affaires s'est très sensiblement élevé dans ces deux dernières années, par suite du commerce intensif des écorces de palétuvier, de pois du cap, de caoutchouc et de peaux.

La rade est médiocre à cause des fonds qui forcent les bateaux à se tenir assez loin de la côte et des vents souvent violents ; elle est très largement ouverte et peu abritée des vents du Sud les plus fréquents, toutefois la barre y est en général assez faible et il est assez rare que les débarquements ne puissent s'opérer.

Manambolo

A la sortie du Bongolava, le Manambolo a la direction Est, il la conserve jusqu'à Ankavandra où l'arrivée du Manambolo Maty le rejette vers le Sud. C'est déjà à Ankavandra un beau fleuve de 200 mètres de large. Il ronge sa rive gauche et menace le poste et le village d'Ankavandra, bâtis sur le bord même du fleuve.

La rive droite est assez basse, au contraire celle du Nord forme une falaise sans cesse travaillée par les eaux. Il suit la direction du Sud jusqu'au moment où les contreforts du Bémahra le forcent, vers le village du Bémoha, à prendre sa direction primitive Est-Ouest en faisant de nombreux méandres. Puis il serpente au pied des pentes orientales du Bémahra en se dirigeant du Nord au Sud.

Un peu au Sud du village d'Ankalahila, les contreforts du Tsitondroïna le rejettent vers l'Ouest. Il choisit alors la route où ses eaux ont eu le plus de facilité pour se creuser leur route dans les roches calcaires du Bémarha, qui offrent une moins grande résistance à l'érosion que les terrains cristallins du Tsitondroïna. Il quitte alors la vallée permotriasique et s'engage dans les terrains jurassiques qui constituent le Bémahra. Les gorges qu'il traverse sont très pittoresques et plus sauvages que celles que suit la Tsiribihina, lors de son passage dans les mêmes terrains. Elles sont souvent à pic et fréquemment boisées, le fleuve y a une largeur de 60 à 150 mètres au maximum, le courant toujours rapide y est particulièrement violent à la saison des pluies. Pendant le cours de sa traversée au milieu de la vallée permotriasique, le régime du fleuve est très différent à la saison des pluies où pendant la saison sèche. Au moment de l'hivernage, c'est-à-dire du milieu de décembre à la fin d'avril, le fleuve est navigable jusqu'à Ambodiriana à 30 kilomètres environ au Nord d'Ankavandra. Durant cette époque la profondeur moyenne est de 3 mètres, le courant est très rapide quoique n'offrant aucun danger. Pendant les mois de mai et de juin, la profondeur diminue beaucoup et ne dépasse guère 1 mètre, le fleuve n'est plus alors navigable en amont d'Ankavandra. Du mois de juin à la fin de la saison sèche le cours du Manambolo est semé de bancs de sable.

Pendant toute cette période les mourlangues doivent passer constamment d'un bord à l'autre suivant un chemin très sinueux ; les indigènes doivent souvent quitter leur embarcation et la traîner sur le sable. La profondeur atteint rarement 1 mètre et elle est en général inférieure à 0 m. 50.

. A l'entrée des gorges, des bancs de cailloux roulés alternent avec les bancs de sable, la largeur diminuant, la profondeur augmente et varie entre 0 m. 80 et 1 m. 50.

Dans cette partie de son cours, le Manambolo traverse une région formée par des grès du trias. En dehors de la vallée même du fleuve, le pays est à peu près désertique : ce sont des mamelons dénudés entre lesquels coulent, dans les fonds, quelques ruisseaux privés d'eau à la saison sèche.

Les affluents principaux viennent du rebord oriental du Bémahra, ils serpentent au milieu des mamelons de calcaires ou de grès sur des lits de sable. Tels sont le Manambolo Maty, qui traverse la région pétrolifère de Folakara, la Bémiha qui coule au fond d'un véritable canon gréseux dans les parois duquel sont creusées de vastes grottes semblables à celles que l'on trouve dans les mêmes terrains qui forment le Makay, la Bérano qui vient du pied du col de Gadra et que traverse en plusieurs endroits le chemin du Tsiandro à Ankaivo.

Cette rivière est le type le plus remarquable de ces cours d'eau, elle apporte à l'hivernage un tribut d'eau considérable au Manambolo alors qu'à la saison sèche c'est un maigre filet d'eau coulant sur un fond de sable et dont la largeur ne dépasse guère 3 à 4 mètres avec une profondeur de 0 m. 20.

Sur la rive gauche, le Manambolo ne reçoit que des affluents très courts par suite du voisinage du Bongolava dont ils descendent. Toutefois ces petites rivières sont bordées de beaux arbres et ont toujours de l'eau, même à la fin de la saison sèche.

L'Itony est la plus importante par suite d'un coude qu'elle fait vers le Sud, avant de se joindre au Manambolo ; c'est une très belle rivière qui, même à la fin de septembre, a un débit d'eau assez important.

La vallée du Manambolo est d'une grande fertilité naturelle ; elle est formée par des terrains alluvionnaires composés de sables et d'argiles riches en matières végétales. Le riz vient admirablement dans ces terres lorsque l'humidité y est suffisante, c'est-à-dire de décembre à mars ; les autres cultures, pois du cap, canne à sucre, bananiers donnent toute l'année. L'écoulement de tous ces produits est assuré soit sur les tobys qui en ont besoin pour les subsistances de leurs employés, soit par la vente à certaines compagnies coloniales qui entretiennent des représentants dans le pays.

Dans la région d'Ankavandra, il ne se fait qu'une seul récolte de riz par an parce qu'à la saison sèche les terrains de culture sont complètement dépourvus d'eau. Certains travaux mis à l'étude et qui peuvent être exécutés par la main d'œuvre prestataire permettront de faire deux cultures annuelles : telle est en particulier la dérivation du Manambolo au-dessus d'Ankavandra pour irriguer un marais de 150 hectares environ, situé à l'Est du poste.

La population autochtone du pays est Sakhalava ; les Hovas sous Radame Ier ont pénétré dans le pays et ont dû s'arrêter devant la résistance de ses habitants ; ils sont restés cantonnés dans cinq ou six villages militaires placés à l'abri de Rovas à peu près imprenables.

Les descendants des colons Ambaniandros de cette

époque n'ont fait que peu de progrès, le Hova exilé a perdu de ses qualités d'endurance et d'énergie, et au lieu de hausser le Sakhalava jusqu'à lui, il s'est assimilé ses défauts.

L'infiltration lente des éléments venus des hauts placements se continue peu à peu et il est certain qu'elle ira en augmentant par suite de la sécurité plus grande du pays. Il nous appartient d'aider à cette pénétration de nouvelles populations qui infuseront du sang nouveau aux descendants des anciens colons de Radame Iᵉʳ.

« Un peuplement du pays avec des éléments neufs n'aura peut-être pas les mêmes inconvénients (que ceux présentés par ces colons) ; tandis que les anciens conquérants ont eu pour point de départ une trop grande facilité d'existence, les nouveaux venus n'auront d'autre perspective que le travail personnel à entreprendre immédiatement : les chances de corruption seront moins grandes.

« En tout cas il est bien évident que le Hova s'acclimate admirablement dans le Betsiriry ». (Extrait d'un rapport du capitaine GRAMMONT, commandant le secteur du Betsiriry, février 1911).

La principale agglomération est le village d'Ankavandra qui forme un groupement de près d'un millier d'individus, presque tous Anbaniandros. Sur le fleuve il faut encore signaler Bémoha, Ankilahila et Ambakaka, ces villages ont de 100 à 150 habitants, tous Sakhalavas.

Dans la vallée de l'Itondy, il faut signaler le village du même nom, moitié Sakhalava, moitié Hova (environ 300 habitants) ; sur le Bérano, se trouvent deux groupements Sakhalavas assez importants, à Bérano Ambony et Bérano Ambany.

Autour des lacs et des marais qui bordent la vallée

du Manambolo (lacs de Béfolaka et d'Andaña) on rencontre de beaux pâturages en toute saison. Les troupeaux sont nombreux et en très bon état, ils appartiennent surtout aux Sakhalavas.

Après avoir traversé le Bémahra, dans les gorges qui vont de Bébozaka à Békopaka, le fleuve entre dans les formations crétacées. Il les traverse dans une plaine formée de ses alluvions. Les eaux des lacs qui bordent ces deux rives se mélangent à celle du fleuve à la saison des crues et le Manambolo forme alors une nappe d'eau large de plusieurs centaines de mètres; alors qu'à la saison sèche il atteint au plus 200 mètres, et que des bancs de sable assez nombreux rendent la navigation difficile.

Comme tous les fleuves de la côte Ouest, le Manambolo se termine par un delta qui commence à Masoarivo. En ce point le fleuve se divise en plusieurs bras : le plus important, l'Ankilimare, passe entre le poste et le village de Benjavilo, isolant le village dans une île. Toute cette région du delta est basse, les terres en formation sont couvertes de palétuviers.

Pendant toute l'année, le Manambolo est navigable pour les mourlangues, celles-ci sont toujours employées couplées par suite de leur peu de stabilité et de la présence de caïmans nombreux sur le fleuve : elles peuvent alors porter une charge de 200 kilogr.

De Benhenjavilo à Békopaka, à la sortie des gorges, le trajet se fait en quatre jours pendant la saison sèche, en huit ou dix jours pendant la saison des pluies.

En descendant le fleuve sur le même parcours il faut compter à peu près deux jours en toute saison. Le prix du transport est de 12 à 13 francs environ par tonne et par jour.

Le trafic sur le fleuve n'est pas assez important pour

qu'il puisse nécessiter d'ici longtemps l'emploi d'embarcation à vapeur. Les affluents sont de peu d'importance, ils serpentent dans les calcaires du Bémahra, et n'ont pas d'eau à la saison sèche : le nom du principal d'entre eux, le Tsiberano (où il n'y a pas beaucoup d'eau) est assez significatif pour qu'il soit nécessaire d'insister sur leur régime.

La population totale des habitants de la vallée de Manambolo ne dépasse pas 4.000 individus, presque tous de race Sakhalava. Sur la côte on rencontre quelques Makoas.

Les principales agglomérations, celles d'Ambato et d'Ankaivo, ne dépassent pas 400 habitants. Behenjavilo, Ampoza et Ankibabako en comptent environ 300. Il n'y a que peu de commerçants, ils sont tous Grecs ou Hindous.

Il ne semble pas que cette partie du fleuve attire la population venue de l'extérieur : la vallée est riche, mais elle n'est occupée par aucun poste, et cette raison suffit encore actuellement pour empêcher l'Ambaniandro craintif et pacifique de venir s'y installer.

Les cultures indigènes, manioc, riz, maïs, bananiers, arachides, n'ont que peu d'importance et ne servent en général qu'à la nourriture des habitants. Toutefois sur la côte quelques villages possèdent un certain nombre de cocotiers en rapport. A l'ancien poste de Behenjavilo on en compte 2.150, au village du même nom 600, on peut évaluer, en outre, à 1.800 le nombre total de ces arbres qui existent dans la région côtière Deux colons ont fait à Behenjavilo des plantations de cocotiers l'une de 1.000 l'autre de 2.000 arbres.

La compagnie de la « Grande Ile » a demandé une concession de 1.600 hectares au Sud du Manambolo, mais les autres concessions de la même société dans le Ménabé n'ont pas été mises en valeur, et il est à supposer qu'il en sera de même pour celle du Manambolo. En réalité il n'y a dans toute cette vallée aucune tentative de colonisation.

Les troupeaux sont, comme dans tout le reste du Ménabé, en voie de formation. La sécurité étant plus complète, les déplacements moins nombreux par suite de la fin de toutes hostilités, tant entre les tribus qu'entre les indigènes et nos troupes, le bétail s'augmente en nombre et en qualité. On peut évaluer approximativement à 6.000 têtes, la qualité de bœufs qui se trouve dans la vallée inférieure du Manambolo.

Le seul commerce qui se fait dans cette région consiste dans l'exploitation et la vente de l'ébène que les béhosys de l'Antsingy coupent dans la forêt, et que les habitants des villages soumis vont chercher aux commerçants d'Antsalova et d'Ankaivo.

En outre, la côte bordée de palétuviers permet une exploitation importante de l'écorce de ces arbres. La vallée du Manambolo est relativement riche, mais ici comme dans toutes les vallées des fleuves de la côte Ouest, les habitants sont peu nombreux, la main-d'œuvre fait défaut pour la mise en valeur du sol cependant fertile ; là où il y aurait moyen de faire vivre largement 20.000 habitants on en rencontre à peine le quart.

La Tsiribihina

Lorsqu'on examine une carte de Madagascar, on remarque la longue trace bleue d'un fleuve qui conduit de la côte Ouest aux environs du lac Itasy et vers Miarinarivo, à deux jours de Tananarive. C'est le fleuve Tsiribihina qui, par ses hauts affluents de la Sakay et du Kitsamby, pénètre au cœur même des hauts plateaux.

Un projet séduisant se présente alors à l'esprit, consistant à unir la capitale à la mer en employant cette communication naturelle. Mais il est nécessaire de connaître sa valeur comme voie fluviale ainsi que l'importance et l'avenir économique des terrains qu'elle traverse.

La partie du cours située sur les hauts plateaux ne sera pas étudiée ici, mais seulement la partie du fleuve comprise entre l'endroit où il sort du massif cristallin et son arrivée à la mer. Dans cette partie de son cours, le fleuve traverse deux régions bien distinctes.

La première est comprise entre les roches cristallophylliennes du Bongolava à l'ouest et les pentes orientales du Bémahra à l'est, la seconde va de la sortie des calcaires du Bémahra à la mer. La Tsiribihina est appelée dans un avenir plus ou moins éloigné à servir comme grande voie de communication et mérite par cela même une étude approfondie.

J'examinerai donc ici successivement la vallée dans les deux régions qu'elle traverse, et, après avoir, dans chacune d'elle, étudié le fleuve au point de vue géographique et économique, et passé en revue les tentatives de navigation qui y furent faites en différentes époques, je chercherai à établir quel est l'avenir de cette vallée, quels sont ses besoins, pour tendre chaque jour à un meilleur rendement.

LA TSIRIBIHINA DANS LA VALLÉE PERMOTRIASIQUE

A la sortie des roches cristallophylliennes du Bongolava, le fleuve entre dans la vallée permotriasique.

Cette dépression, nous l'avons vu, est parallèle à la mer ; elle est limitée à l'est par les terrains cristallins, à l'ouest par des grès, recouverts au sommet par des calcaires. Son profil est très régulier ; les causes de cette régularité résident dans le mouvement d'affaissement des terrains sédimentaires vers la mer, qui a fait saillir leur bord oriental, et dans l'affouillement par l'érosion des sédiments de base de ces terrains.

Les sédiments permiens et triasiques qui forment cette vallée sont recouverts par des alluvions plus ou moins épaisses provenant des dépôts de fleuves autrefois plus larges et dont les lits sont devenus de plus en plus étroits.

La direction des cours d'eau qui suivent cette vallée est, en général, Nord-Sud ou Sud-Nord, inclinée légèrement vers l'Ouest. Leur pente est médiocre et il reste des traces de leurs anciens lits dans les nombreux lacs ou marais qui bordent leurs rives ; il en résulte qu'à la saison des pluies le fleuve s'enfle, les lacs se remplissent et que l'on se trouve alors en présence de larges nappes d'eau donnant, en petit, l'image de ce qu'était autrefois ce pays à l'époque où la mer venait battre le pied des roches cristallines qui forment aujourd'hui le massif central de l'île.

Après avoir suivi ainsi cette direction générale N.-S.,

les rivières, repoussées par un accident du sol plus important, en général un contrefort du Bongolava sur les roches dures duquel l'action des eaux est plus faible, s'incurvent vers l'ouest pour pénétrer dans les roches calcaires du Bémahra.

Ce qui précède s'applique aussi bien au Manambolo qu'à la Tsiribihina.

Ce dernier fleuve ne se forme qu'au moment de pénétrer dans le Bémahra à la jonction de la Mania et du Mahajilo. Les vallées de ces deux rivières et celles de leurs affluents (Manandaza, Sakény), constituent le pays du *Betsiriry*, long d'environ 200 kilomètres, large, en moyenne, de 80 kilomètres. Le Betsiriry est limité au Sud par une ligne Est-Ouest qui coupe la Sakény, affluent de la Mania, à hauteur de l'Andramy (petit affluent de droite de la Sakény), et par la ligne de partage des eaux entre le Manambolo du Sud (autre affluent de la Sakény, fort important celui-là), et la Mania. Il est prolongé au Sud par le pays de Malaimbandy qui porte le nom général de Sakény emprunté au cours d'eau qui l'arrose.

Au Nord, le Betsiriry va jusqu'à la crête qui sépare les eaux de la Tsiribihina de celles du Manambolo, il forme avec la haute vallée de ce dernier, jusqu'à Ankavandra, ce que les indigènes appellent l'Ambalika.

On le voit, la Tsiribihina ne devient un fleuve unique qu'après la jonction de tous ces importants cours d'eau. Le pays traversé par ceux-ci, que ce soit le Betsiriry ou la Sakény, est toujours le même : mamelons gréseux dénudés et tristes, fonds verdoyants, vallées riches couvertes de cultures (rizières, pois du cap, manioc), et de belles bananeraies.

Les deux rivières Mania et Mahajilo se réunissent au pied d'un contrefort du Bémahra, près du village de Béria.

La Mania est la plus large et la plus profonde, c'est elle qui constitue le véritable prolongement du fleuve. Elle descend au milieu des roches cristallines du Bongolava sous forme de torrent formant de nombreuses chutes et entre dans la plaine à Ankotrofotsy. Elle est alors bordée par des marais et des marécages jusqu'à sa rencontre avec le Mahajilo.

Son principal affluent est la Sakény qui conflue sur sa rive gauche au delà de Bélolo. Cette rivière vient de la limite orientale des grès du Makay, elle descend du col de Vinanitelo et coule vers l'Est jusqu'à ce qu'un contrefort du Bongolava la rejette vers le Nord ; elle conserve cette direction jusqu'à sa rencontre avec la Mania. Elle reçoit sur sa rive droite un affluent important, le Manambolo du Sud, qui descend du Bongolava.

Le Mahajilo, venu des hauts plateaux, sort du massif cristallin un peu en amont du centre important de Miandrivazo. Il a alors une direction est-ouest.

La Manandaza, venue du Nord, l'oblige, d'autant plus facilement, à prendre la direction qu'elle suit elle-même, qu'un assez fort massif formé de calcaires cristallins, s'oppose à sa marche vers l'Ouest. Jusqu'à Béria, où il conflue avec la Mania, le Mahajilo est bordé sur ses deux rives par des lacs, des marais, qui, à la saison des pluies, transforment cette région en un véritable marécage qui va du fleuve aux pentes du Bongolava.

Des travaux importants de rectification de tracé de route, entrepris en 1911 par le capitaine Grammont, commandant le secteur du Betsiriry, permettront cependant de circuler à la saison des pluies sur la route qui unit Malaimbandy à Miandrivazo.

La Manandaza apporte au Mahajilo un tribut d'eau important. Sa vallée est remarquablement fertile et couverte de belles cultures, cachées souvent, il est vrai, derrière de hautes barrières de roseaux. Elle établit une liaison naturelle entre la Tsiribihina et le Manambolo dont une dépression, marquée par le lac d'Andafia, la sépare seulement. Il semble que l'étude d'un tracé de canal allant d'Andovoka, point terminus de la navigabilité de la Manandaza, à l'Itondy, affluent navigable du Manambolo, en utilisant la dépression d'Andafia, serait assez facile.

Toutes les rivières que nous venons d'examiner rapidement reçoivent un certain nombre de petits affluents peu importants. Ils sont courts et torrentiels lorsqu'ils descendent le Bongolava. Plus longs et d'un débit plus régulier lorsqu'ils viennent des pentes calcaires du Bémahra, au fond de petits cânons qu'ils se sont creusés dans les grès du trias.

Toute la région du Betsiriry et de la Sakény est remarquablement arrosée, mais il·importe de savoir maintenant à quel point toutes ces rivières peuvent servir aux communications et de connaître leur degré de navigabilité.

L'étude de celle-ci ne peut se faire que dans la plaine, aucune embarcation ne pourrait en effet se risquer entre les hauts plateaux et la sortie du Bongolava sans être brisée sur les roches. J'examinerai la navigabilité dans les deux périodes différentes, saison des pluies ou hautes eaux, saison sèche ou basses eaux.

MANIA

Hautes eaux. — La partie où les eaux sont le moins hautes se trouve au confluent avec le Mahajilo en raison de la largeur plus grande de la vallée et du peu d'élévation des berges. En décembre, la profondeur varie à cet endroit de 1 m. 60 à 4 mètres. Une embarcation à vapeur calant 0 m. 50 au maximum pourrait circuler toute l'année ; en amont et sur tout le cours de la rivière jusqu'à Ankotrofotsky où elle sort du Bongolava, la hauteur d'eau est de 2 m. 50 au maximum.

Saison sèche. — Au mois de septembre, au moment où il y a le moins d'eau, il existe encore une passe de profondeur minima de 0 m. 60 au confluent des deux rivières qui forment la Tsiribihina ; entre Ankotrofotsy et ce point, il y a 1 mètre d'eau, en quelques endroits même 2 mètres.

MAHAJILO

Aux hautes eaux, c'est-à-dire de décembre à avril, les fonds sont supérieurs à 0 m. 80. Depuis la fin de la saison des pluies jusqu'au commencement de juillet le niveau se maintient à environ 0 m. 50 et un vapeur calant 0 m. 50 pourrait arriver jusqu'à Tsinjorano, mais il ne devrait pas chercher à remonter jusqu'à Miandrivazo sans risques de s'échouer sur les bancs de sable.

Au commencement de juillet, les eaux baissent rapidement, et entre Tsinjorano et Anosymena il y a des passages où la profondeur n'atteint pas 20 centimètres.

J'ai eu l'occasion de descendre le Mahajilo à la fin de septembre et, en certains endroits, mes couples de mourlanges ont dû être transformés en traîneaux poussés sur les fonds de sable par les piroguiers. En un certain endroit, non loin de Tsinjorano, j'ai mis une heure pour faire à peine un kilomètre.

On peut dire que de la fin juin à décembre, une embarcation calant 0 m. 50 ne dépasserait pas Béria.

Au commencement et à la fin de la saison des pluies elle pourrait encore aller jusqu'à Tsinjorano. Ce point est relié à Miandrivazo par une bonne piste charretière, et n'en est éloigné que par une heure et quart de marche.

A la saison des pluies, on l'a vu, l'embarcation irait jusqu'au confluent de la Télomita, en amont de Miandrivazo.

MANANDAZA

La Manandazo, affluent de droite du Mahajilo, a des fonds supérieurs à ceux de celui-ci.

Aux hautes eaux, la profondeur dépasse 0 m. 60 jusqu'à Andovoka où elle sort du Bongolava. Jusqu'au village de Manandaza les fonds sont supérieurs à 0 m. 75, ils dépassent 1 mètre à partir du pont de Tsimanandrato : d'avril à juin, la Manandaza a 0 m. 60 d'eau à son confluent avec le Mahajilo. En amont jusqu'à Tsimanandrato la hauteur varie entre 1 mètre et 4 mètres.

De juillet à octobre, le confluent est ensablé et rend la navigation de la Manandaza impossible : sur 500 mètres environ de parcours, il n'y a pas plus de 20 centimètres d'eau, mais en amont du confluent jusqu'à Tsimanandrato les fonds se maintiennent à plus de 0 m. 50.

SAKENY

Elle n'est navigable en aucune saison en amont de son confluent avec le Manambolo ; à la saison sèche, c'est une rivière au débit très faible où les eaux se perdent parfois dans le sable en septembre et octobre ; à la saison pluvieuse, le courant extrêmement violent interdit la circulation à toute embarcation.

A partir de sa rencontre avec le Manambolo, les pro-

fondeurs sont plus grandes. Aux hautes eaux, les
fonds atteignent plus de 2 mètres ; à la saison sèche,
ils ne dépassent guère 0 m. 25.

TSIRIBIHINA

Je ne m'occuperai ici que de la navigabilité du fleuve
entre Béria, où il se forme véritablement par la réunion de la Mania et du Mahajilo, et la sortie des gorges

Danses de femmes Sakhalave — Tsiribihina

du Bémahra. Il est navigable en tout temps par des
bateaux calant 0 m. 50 ; à la saison des hautes eaux,
les profondeurs atteignent plus de 2 mètres à Anka-
trévo, point où le fleuve est le plus large et partant
le moins profond ; aux basses eaux, en ce même
endroit, il y a toujours au moins 0 m. 75 d'eau.

Dans les gorges du Bémahra le lit se resserre et
devient plus profond, il atteint une largeur maximum
de 250 mètres.

Le fleuve est bordé sur chaque rive par des collines
de calcaire boisées, en de rares endroits des rochers à

pic de 3 mètres au maximum rendent le paysage plus sauvage et plus pittoresque. Ces gorges sont habitées par des quantités de lémuriens (makys gris, rouges, sifakys blancs à tête noire).

De nombreux bancs de sable rendent la navigation plus longue et plus pénible au moment où les eaux sont basses, c'est-à-dire à partir d'août jusqu'à novembre. J'ai mis, à la fin de septembre, 7 heures pour aller par le fleuve de Béria à Béghidro, à la sortie des gorges.

Les lits de toutes ces rivières se transforment actuellement et il serait impossible de tracer pour chacune d'elles un chenal permanent. Les fonds et les rives sont sablonneux et au moindre courant violent, amené par une période de quelques jours de pluies ou par deux ou trois orages, les bancs de sable se déplacent.

C'est ainsi qu'à la suite des crues vraiment exceptionnelles de janvier 1907, tout le Mahajilo entre Manandaza et Anosymena a, d'après les indigènes, diminué de profondeur, particulièrement en face de Tsinjorano et d'Anosymena.

Toutefois, ces changements ne sont jamais de nature à troubler sérieusement les conditions ordinaires de la navigabilité et ce qu'une crue a supprimé, une autre peut la rétablir.

Pour résumer ce qui précède au sujet de la navigabilité, il suffit de supposer une embarcation calant 0 m. 50 et d'examiner comment elle pourra voyager sur toutes ces rivières pendant toute l'année.

I. — Du 1ᵉʳ décembre au 1ᵉʳ juin

1° La Tsiribihina de Beghidro au confluent de Mahajilo et de la Mania . 35 kilomètres

2° la Mania du confluent à Ankotrofotsy .... 27 —

3° le Mahajilo du Confluent à Miandrivazo 33   —

4° la Manandaza du Mahajilo à
Andovoka 40   —

5° la Sakény de la Mania au Manambolo du Sud 10   —

Soit 145 kilomètres de navigation dans le Betsiriry
et la Sakény.

II. — Au mois de juin

1° Tsiribihina .... 35 kilomètres

2° Mania 27   —

3° Mahajilo (jusqu'à Tsinjorano) ... 28   —

4° Manandaza jusqu'à Tsimanandrato 15   —

5° la Sakény 10   —

Soit un total de 115 kilomètres de navigation possible.

III. — De juillet à fin novembre

1° Tsiribihina .... 35 kilomètres

2° Mania 27   —

3° Mahajilo jusqu'à Béria 1   —

Total .... 63 kilomètres

On pourrait donc aller toute l'année au moins jusqu'à Béria. D'ailleurs, au moment des basses eaux, les
pirogues pourraient prendre les marchandises en ce
point, qui deviendrait un lieu de transit, pour les con-
duire jusqu'à Miandrivazo sur le Mahajilo, à Andovoka sur la Manandaza, sur la Mania à Bélolo et sur
la Sakény inférieure.

ESSAIS ET ORGANISATION DE LA NAVIGATION
SUR LA TSIRIBIHINA JUSQU'EN 1907

La navigabilité du fleuve a déjà été utilisée par des services de bateaux à vapeur.

Dès la pénétration du pays, en 1897, le ravitaillement des postes, nombreux sur le fleuve et ses affluents, et la police furent faits par une flottille à vapeur qui comprenait : *Le Capitaine Flayelle*, qui alla servir plus tard sur la Betsiboka (il calait chargé 0 m. 85 et jaugeait 40 tonnes) et une chaloupe calant environ 1 mètre.

Le Capitaine Flayelle remontait jusqu'à Miandri-'vazo ou jusqu'à Tsinjorano, à 5 kilomètres de Miandrivazo, de décembre à la fin de mars. Il allait seulement jusqu'à Béria en avril, jusqu'à Bemena (Ménabé septentrional) en fin juillet. D'août à décembre, il n'y avait plus aucun service à vapeur organisé pour le Betsiriry. La chaloupe ne faisait le voyage complet jusqu'à Miandrivazo qu'une ou deux fois par an, aux hautes eaux, lorsque le *Capitaine Flayelle* était indisponible ; elle servait surtout aux communications de « l'Ilôt Indien » avec Bérévo et Ankalalobé sur le fleuve et en mer entre l' « Ilôt Indien » et Morondava.

Ce service n'a été interrompu qu'en raison des dépenses élevées qu'il occasionnait à la colonie.

Il n'était pas organisé pour servir le commerce et par conséquent ne récupérait pas les sommes qu'il coûtait. Dès que la situation militaire et politique du pays le permit, en 1905, la flottille fut supprimée.

Une entreprise privée, la Société « la Drague », installée auprès de Miandrivazo, de 1905 à 1907, chercha à utiliser la navigabilité du fleuve. Un canot à vapeur calant 0 m. 40 chargé et jaugeant environ 3 tonnes remorquait en pleine saison des pluies de 1905-1906 une petite baleinière chargée à 2 tonnes.

En 1906, il faisait sans difficulté le trajet Miandrivazo à l'Ilôt de l'Indien aller et retour ; au mois de septembre 1905 et de 1906, il voyageait souvent entre Béria et Miandrivazo, c'est-à-dire dans la partie la plus basse du Mahajilo. En certains endroits il devait creuser sa route dans le sable en se remorquant sur son ancre qu'on allait au préalable mouiller plus loin.

Le canot à vapeur de « la Drague » eut une fin malheureuse : ancré trop court, un soir de la saison des pluies 1906-1907, il ne put s'élever au-dessus d'une crue imprévue et s'ensabla dans un des trous profonds du Mahajilo.

La Société « la Drague » fut dissoute et avec elle et son canot disparut toute navigation à vapeur sur le fleuve. Nous verrons plus loin s'il y aurait intérêt à la rétablir.

Actuellement, la navigation sur le fleuve se fait au moyen des pirogues de mer aux hautes eaux, de mourlangues simples ou couplées à la saison sèche. Un couple de grosses mourlangues peut porter jusqu'à 300 kilogrammes, mais le prix de transport de l'Ilôt de l'Indien à Miandrivazo est assez élevé : 35 francs en saison sèche, 40 francs à la saison des pluies. Le prix de transport revient donc à 140 francs au maximum par tonne.

POPULATION

La population du Betsiriry comme celle de la Sakény se compose principalement d'Ambaniandros (Hovas et Betsiléos) et de Sakhalavas, auxquels viennent se mélanger quelques faibles éléments Makoas, Baras et Antaimoros.

Les Sakhalavas sont les autochtones, les Ambaniandros proviennent, soit des descendants des anciennes colonies Hovas qui vinrent sous Radame III s'installer dans l'Ambalika, qu'ils occupaient encore à notre arrivée, soit des éléments nouveaux venus des hauts plateaux au fur et à mesure que la sécurité devenait de plus en plus complète dans ces riches vallées.

L'émigration des gens de l'Emyrne vers le Betsiriry et le Sakény est à encourager. Les Sakhalavas sont trop paresseux pour mettre en valeur les riches plaines au milieu desquelles coulent les rivières que nous venons d'étudier ; d'ailleurs, ils ne seraient pas assez nombreux pour cultiver les énormes étendues de ce magnifique pays qui demeurent actuellement en jachères.

Toutefois, il ne semble pas que ces émigrants viennent se fixer définitivement dans ce pays : les nombreuses demandes d'exhumations dans le but de transporter dans leur pays d'origine les gens décédés dans le Betsiriry, laissent à penser que c'est avec le ferme espoir du retour que les habitants des hauts plateaux viennent coloniser les plaines qui s'étendent entre le Bongolava et Bémahra.

Ce sentiment, qui consiste à vouloir la sépulture dans le tombeau des ancêtres, rattache à jamais l'Ambaniandro, comme tout autre Malgache d'ailleurs, au village de ses aïeux et il en résulte que l'établissement en pays Sakhalava est pour lui un exil. Mais il ne modifie cependant en rien ses actes et ne le pousse nullement à abandonner la terre d'adoption où se trouvent réunis tous ses intérêts, moissons, rizières, bœufs, pâturages, biens de famille, etc.

L'espoir de retour définitif au pays ancestral est *post mortem* et sans grande influence par conséquent sur les variations d'effectif des colonies Hovas ou Betsiléos dans l'Ambalika.

Or, nous avons besoin, pour la mise en valeur de

tout ce pays, d'une main-d'œuvre nombreuse autant
que travailleuse ; il faut donc encourager l'émigration
des hauts plateaux, l'attirer en lui donnant une sécurité complète, en prenant des mesures pour que le
colon indigène se sente réellement chez lui. Déjà, il est
favorisé, puisqu'il paie, dans le Betsiriry, les impôts
moins élevés que ceux établis sur les hauts plateaux.
Il faut surtout l'employer à des travaux qu'il recon-
naisse exécutés dans son intérêt particulier. Ceux-ci
sont nombreux dans le Betsiriry et la Sakény, où le sol,

Village Sakhalave de la côte

bien arrosé à la saison des pluies, se dessèche et
devient aride pendant huit mois de l'année, ce qui ne
permet pas d'entreprendre une deuxième récolte de
riz.

Des travaux d'irrigation, de canalisation ont été com-
mencés sous l'influence des autorités militaires, et ce
pays pourra peu à peu nourrir un grand nombre de
familles qui végètent sur les hauts plateaux.

L'élément autochtone de la population, le Sakhalava,
est ici comme partout, paresseux, avide de liberté, par-
ticulariste, ennemi de l'effort, surtout lorsqu'il doit
être fait en commun, n'ayant qu'une ambition, un
amour : ses troupeaux, ses bœufs qui sont pour lui des

dieux... dont il aime assez priver son voisin. Il travaille à des cultures qui ne lui donnent que peu de peine, manioc ou maïs, et ne les étend que lorsque vraiment le terrain est tel qu'il est presque forcé de le faire instinctivement.

Est-ce un grand enfant ? peut-être ! Mais c'est plutôt un véritable sauvage qui semble n'évoluer que très lentement.

Le contact de l'Ambaniandro, travailleur et craintif, ne le transforme pas, et l'on peut plutôt dire que c'est lui qui rabaisse le Hova à son niveau lorsque celui-ci se trouve isolé au milieu d'un groupement Sakhalava.

Dans certaines régions cependant, en particulier dans la vallée de la Manandaza, les Sakhalavas ont profité des leçons de leurs conquérants d'autrefois, et un certain nombre de cultures appartenant à des autochtones rivalisent comme dimensions et comme soins avec celles des colons Ambaniandros.

Enfin, il est juste d'ajouter que, dans l'ensemble, les villages Sakhalavas sont mieux tenus que ceux des Hovas établis dans ces pays. Les autres éléments : Antaimoros, Baras, Makoas ne sont que des passagers, étrangers au pays.

On compte environ 8.500 habitants établis le long de la vallée de la Sakény et environ 10.000 habitants dans la vallée du Betsiriry. Les troupeaux, qui sont la grande richesse de ce pays, s'élèvent à environ 80.000 têtes.

II. — LA TSIRIBIHINA DEPUIS SA SORTIE DU BEMAHRA

JUSQU'A LA MER

A sa sortie des gorges du Bémahra, le fleuve pénètre dans les terrains crétacés ; les grès de la vallée permo-triasique font place à des calcaires tendres. Dans son ensemble cependant, la région que traverse le fleuve n'est guère attrayante : c'est une suite de collines quelquefois boisées, arides, sèches où l'eau n'apparaît que dans quelques rares ravins. La vallée du fleuve seule reste verte, cultivée, avec des villages peuplant ses rives.

Dès sa sortie des gorges, le fleuve reçoit un nouvel affluent, la Sakarézo, qui vient confluer presque en face de l'ancien poste de Bémena et qui lui apporte une assez grande quantité d'eau.

La vallée de la Tsiribihina devient très large, elle traverse sucessivement les lignes de collines qui, de la Morondava au Manambolo, rident, perpendiculairement au cours de ces fleuves, les formations crétacées.

Sur les deux rives un certain nombre de lacs servent de régulateurs au fleuve. A la saison des pluies ils s'emplissent de son trop-plein, diminuant ainsi l'étendue et la force des inondations, à la saison sèche ils lui apportent les eaux emmagasinées précédemment. Sur les bords de ces lacs vit une population Sakalava assez nombreuse qui trouve de l'herbe pour les bœufs, de bons terrains de culture par suite du limon déposé aux hautes eaux et qui trouve dans la pêche de nouvelles ressources.

Ils sont couverts d'herbe, de roseaux, et seules des mourlangues légères peuvent y circuler. De nombreux oiseaux, gibier d'eau comme les canards et les sarcelles, des ibis noirs, les aigrettes si recherchées pour leurs plumes, pullulent sur ces nappes d'eau que peuplent d'innombrables caïmans.

Les principaux de ces lacs sont ceux d'Andranomena, Hima, Iboboka, Sasiaka, Bémarivo sur la rive droite et de Bérèvo, Kimanambolo sur la rive gauche.

Le fleuve s'élargit de plus en plus et atteint 800 mètres à hauteur de Bérèvo, il se rétrécit à Berendrika où il ne mesure plus que 450 mètres. Il décrit plusieurs boucles avant d'arriver à Sérinam, où sa largeur ne mesure que 250 mètres au sommet du coude. A partir de Tsitakabassia la largeur se maintient à 600 mètres au minimum.

Les bancs de sable, nombreux depuis la sortie des gorges du Bémahra, divisent le fleuve en une quantité de bras. Toutefois il existe un bras principal où les sondages ont été exécutés. J'examinerai plus loin, en étudiant la navigabilité, les profondeurs de celui-ci.

La marée se fait sentir jusqu'au village de Bélo, non loin duquel commence le Delta. Celui-ci est constitué par des apports du fleuve, terrains instables en formation qui retiennent des forêts de palétuviers.

Lorsqu'on arrive à hauteur de Kabo, les rives se présentent boisées, vertes, très pittoresques, mais lorsqu'on examine la nature du sol on s'aperçoit que l'on se trouve en présence d'un véritable amas de boues et de limons déposés par le fleuve et sur lesquels les palétuviers s'élèvent serrés, pressés, formant de vastes forêts. Çà et là sur les deux rives des campements sont installés dans les clairières qui ne sont que d'anciens bancs de sable. Ce sont les « établissements » des exploitants de cette forêt d'une espèce particulière.

Certains de ces bancs de sable se relèvent suffisamment pour n'être jamais couverts soit par des crues, soit par les hautes marées ; le principal, sur la rive gauche, non loin de Kabo, est occupé par un véritable cimetière sakhalava. Sa largeur est d'environ 50 mètres et il est perdu au milieu des palétuviers.

Jusqu'à Bélo, les rives sont bordées de riches cultures et de bananeraies. A la saison sèche, des rizières sont cultivées dans le lit même du fleuve et jusque dans le delta au milieu des clairières marécageuses des forêts de palétuviers.

Les gardiens de ces plantations sont installés dans

des casés en paille, construites sur pilotis sous lesquels, tels les vestales antiques, ils entretiennent un feu perpétuel destiné à les mettre à l'abri des moustiques, innombrables dans toute cette région.

Le principal bras du delta mesure de 600 à 1.200 mètres de large, il atteint même 1.400 mètres à hauteur du village de Tsimanandrafozana ; au Nord, un bras aboutit au Sud de Bébozaka, au Sud deux bras, l'un partant de Kabo appelé le Betsikiny, l'autre partant de Nosibé, en face de Tamboarivô, appelé bras de Namangoa, se dirigeant vers la haute mer. Le bras le plus méridional conduit non loin du village de Bosy, petit port sur la côte.

Toute cette région est sans cesse remaniée par l'action des eaux, soit par la mer, aux hautes marées, soit par le fleuve, aux crues de la saison des pluies. C'est ainsi que l'Ilôt de l'Indien, à l'entrée du delta, est à peu près rongé par la mer et que de l'emplacement où se trouvait, il y a six ans, un poste très important, il ne reste que quelques cases très menacées. En quatre ans, les marées ont rongé l'Ilôt sur une largeur de plus de 50 mètres. Le village de Tsimanandrafozana, autrefois poste important protégé par des digues, a été peu à peu emporté par les crues du fleuve et il est impossible de prévoir si, à la prochaine saison des pluies, ce qui reste du village ne sera pas englouti par les eaux.

Ce n'est qu'à Bélo que l'on trouve la terre ferme et que l'on peut faire des établissements définitifs. Les calcaires crétacés sur lesquels est installé le village indiquent nettement ici que l'action des eaux ne peut plus actuellement se faire sentir d'une façon dangereuse.

Par suite de la destruction rapide du poste de l'Ilôt de l'Indien, j'ai eu l'occasion, en 1911, de rechercher sur les rives du fleuve un nouvel emplacement de poste, la conclusion du capitaine commandant le Secteur de Sérinam, chargé également de ce travail est la même que la mienne, c'est qu'il est impossible de songer à faire une nouvelle installation durable en aval de Bélo.

Le chef de bataillon Hilaire écrivait, en 1908, ce qui suit, au sujet de la situation favorisée de ce dernier point : « La situation en est avantageuse : proximité de la mer, accès facile aux plus grosses goélettes en tout temps, aussi bien en saison sèche qu'à l'époque des crues et des forts courants, grâce à la profondeur constante des eaux et à l'action de la brise marine, laquelle s'y fait suffisamment sentir pour permettre de remonter à la voile les plus forts courants, vaste emplacement disponible entre le rivage et le gros village indigène de Bélo, à l'endroit où s'élevait l'ancien poste (au petit village actuel de Béraketa), terrain horizontal et ferme à l'abri de tout accident géologique.

« Le petit commerce européen local ne s'y trouverait point trop en mauvaise posture, malgré l'accroissement des frais par rapport à Morondava, grâce à la facilité et à la rapidité de communications avec la mer et il s'y trouverait, en outre, au cœur de la population indigène, la plus dense et active de toute la Tsiribihina et en pleine terre d'élection du pois du cap... Le climat, grâce à la brise de l'Océan, y est clément. »

Je réserve pour les conclusions de cette étude de la Tsiribihina la discussion du bien-fondé de l'établissement d'un nouveau centre à Bélo.

Affluents du fleuve. — A sa sortie des gorges du Bémahra le fleuve reçoit sur la rive gauche la Saka-rèzo qui conflue au village de Béghidro. Celle-ci vient des hauteurs septentrionales du Bévony. Elle s'engage dans les grès assez fertiles et recouverts de pâturages pour venir se terminer dans les calcaires qui forment la base occidentale du Bémahra. Les affluents les plus importants sont, sur la rive gauche : l'Andranomavo et le Ranomona ; ce dernier traverse la région forestière de Tsiangorano. Dans ce pays particulièrement sec, les lianes caoutchoutifères, le rohé et le réabo en particulier, poussent en abondance.

En aval de Bérèvo, la Tsiribihina reçoit à gauche le Kimanambolo qui suit le pied des hauteurs gréseuses qui courent entre la Morondava et le Manambolo parallèlement à la côte, donnant une indication assez nette de la façon dont se sont faits les dépôts sédimentaires dans cette région.

Dans le lac Kamanomby, qui se déverse dans la Tsiribihina, se jette l'Ambondromalemy qui vient de la région au Sud d'Antsoa, à la limite méridionale des terres cultivables et fertiles du Sud de la Tsiribihina. Le pays traversé par cette rivière est constitué par un calcaire crayeux couvert de bouquets de bois rabougris ; il est désert, rocailleux, stérile et les points d'eau y sont peu nombreux.

Tous ces affluents de la rive droite descendent du Bévony qui forme un véritable nœud orographique entre la Tsiribihina, la Morondava et la Sakény.

Sur la rive droite le fleuve reçoit des affluents qui ne lui arrivent qu'après s'être déversés dans les lacs dont il a été parlé plus haut. Les uns descendent du Bémahra, tels sont les rivières nombreuses qui se jettent dans le lac Andranomena à l'Est, les autres serpentent entre des collines calcaires perpendiculaires au fleuve, tels sont le Ramonèna du Nord qui se jette à la pointe Nord du lac Andranomena et le Poly-Poly qui apporte des eaux du lac Hima. Entre ces lacs, ces rivières et la Tsiribihina on rencontre un certain nombre de grandes forêts formées d'arbres de haute futaie et qui présentent des sous-bois d'autant plus remarquables que la région est, dans son ensemble, triste et dénudée ; telles sont les forêts d'Ambalimby et d'Ambarimbary dont j'ai déjà eu l'occasion de parler dans la première partie de cette étude. Aucun de ces affluents n'est navigable si ce n'est au moment des crues pour les mourlangues sakhalavas et encore, par suite des roches qui barrent parfois le cours et la force du courant, cette navigation est dangereuse.

Navigabilité du fleuve. — Il en résulte qu'il suffit d'étudier la navigabilité du fleuve lui-même pour connaître la partie qui pourra, au besoin, être utilisée par la navigation à vapeur.

J'ai établi précédemment que, jusqu'à Béria, une embarcation calant 0 m. 50 pouvait remonter le fleuve en toute saison. Les profondeurs les plus faibles sont atteintes à hauteur de Békapika, à l'embouchure du Kimanambolo, entre Sérinam et Bérendrika, au déversoir du lac Hima. Toutefois elles ne descendent pas au-dessous de 0 m. 80 et une embarcation à roue calant environ 0 m. 50 pourra toujours remonter cette partie du cours.

A partir de Bélo jusqu'à la mer on ne rencontre plus aucun obstacle et les fonds dépassent toujours 1 m. 20. Le canot du *Vaucluse*, calant 1 m. 20, a pu, au mois d'octobre 1911, remonter sans aucune difficulté jusqu'à ce point.

Serait-il utile d'entreprendre un dragage pour augmenter la navigabilité du fleuve ? Il ne le semble point, car, par suite des apports du fleuve dont le courant charrie des quantités énormes de sable, la drague devrait fonctionner sans arrêt ; il suffit de baliser quelques passages où le chenal est très étroit et où il est nécessaire de l'indiquer aux embarcations à vapeur qui pourraient remonter le fleuve.

Le *Capitaine Flayelle* qui remontait le fleuve jusqu'en 1905 calait, nous l'avons vu, 0 m. 80 et il passait dans toute cette partie du cours sans aucune difficulté.

L'entrée du fleuve est rendue très difficile par la présence de la barre et il ne faut considérer que tout à fait exceptionnel et comme un vrai tour de force le franchissement de la barre par le cargo-boat anglais *Belgay*, chargé d'une drague pour le haut fleuve.

En outre, le mouillage de l'Ilôt de l'Indien est mauvais, exposé aux vents très violents du Sud, sans aucun abri, des avisos comme le *Vaucluse* en octobre 1911, des navires de commerce comme l'*Emyrne*, l'*Irmgarld* (allemand, etc. y ont jeté l'ancre mais le mauvais temps les a forcés le plus souvent à fuir rapidement ce port (?) aussi peu hospitalier. Les fonds sont d'ailleurs, comme tous ceux de la côte, sujets à des variations importantes et un relèvement fait en 1909 n'est plus exact en 1911.

Si le fleuve est appelé à un certain avenir commercial, le manque de port à son débouché sur la mer sera pour lui une gêne assez grande, que seule l'existence d'une rade plus abritée à Morondava pourra diminuer.

Population. — La vallée de la Tsiribihina est habitée uniquement par des Sakhalavas ayant les nombreux défauts de leur race, en particulier la paresse la plus grande. Ici aucune infiltration venue de l'extérieur ne s'est encore produite et aucun frôlement étranger n'est venu secouer la population indigène de sa torpeur. Ici le Sakhalava est resté nomade, guerrier, pillard, et seule la force de notre occupation le maintient dans les limites d'un calme dont il voudrait bien s'affranchir.

Cette population s'élève à 9.500, répartie dans un certain nombre de villages que nous avons créés non sans peine. Ceux-ci sont situés sur les rives du fleuve ; les plus importants sont Bérèvo, Berendrike, Kiboi, Tsitakabassia, Tsimafana et surtout Bélo qui compte plus de 1.000 habitants. Il faut citer encore Béville, Tsimanandrofozana, Kabo.

Cette population fait, dans la vallée, on peut presque dire dans le lit du fleuve, un certain nombre de cultures de riz, de manioc, de maïs et de pois du cap. Les rizières s'augmentent chaque année et il est possible de faire deux récoltes : l'une en février ou mars, la seconde en novembre. Pour cette dernière les plantations se font sur les bancs de sable limoneux ou sur les berges même du fleuve. La production, en 1911, s'est élevée à environ 500 tonnes qui ont été expédiées, en général, à Morondava par les Indiens acheteurs qui parcourent la Tsiribihina.

La culture du pois du cap se fait d'une façon très intensive depuis 1910, par suite des prix rémunérateurs auxquels ils se sont vendus. Cette hausse de prix, exagérée d'ailleurs, provient de la concurrence acharnée des acheteurs. Il est juste cependant de remarquer que les paiements se font, en grande partie, en marchandises et surtout en alcool de traite et que, dans ces conditions, les prix d'achat sont moins élevés qu'ils le paraissent. La quantité de pois du cap exportée en 1911, provenant de la Tsiribihina, s'élève à 450 tonnes qui ont été expédiées par les commerçants de Morondava, pour le compte desquels les achats se sont faits, à Londres, Hambourg et au Pirée.

Les habitants sakhalavas de la Tsiribihina possèdent des troupeaux très nombreux. Toutefois il ne les gardent pas dans la vallée même du fleuve et l'on ne rencontre que fort peu de bétail dans les villages riverains.

Peut-être les bœufs sont-ils emmenés dans des régions plus éloignées, comme celle de Sohazo en terre par exemple, pour être soustraits à un recensement trop étroit. Ceci est assez difficile à dire et les chefs indigènes interrogés déclarent que les pâturages où se trouvent leurs troupeaux sont meilleurs que ceux situés sur les bords du fleuve. On a vu cependant combien les régions entre la Tsiribihina et le Marambolo sont désertiques, les fonds seuls sont verdoyants et suffisent, paraît-il, aux bœufs.

Quoi qu'il en soit, les troupeaux, décimés autrefois par le pillage, les rivalités de tribus et surtout par les opérations de la pénétration, se reforment dans le calme qui a suivi l'occupation du pays. Le recensement de 1911 donne un chiffre de bétail s'élevant à 17.000 têtes. Mais, comme pour toutes les populations de la côte Ouest, ce nombre élevé de bœufs n'est pas un signe de richesse, puisque les indigènes ne veulent pas les vendre. Il semble donc que la taxe qui frappera les bovidés dans ce pays à partir de 1912 n'est pas une sorte « d'impôt sur le revenu ». C'est d'ailleurs une mesure fort impopulaire chez les Sakhalavas du Ménabé, et qui ne pourra être appliquée qu'en y apportant les tempéraments les plus larges.

Une autre richesse de la vallée de la Tsiribihina consiste dans ses forêts, tant dans les produits principaux, bois précieux, que dans les produits accessoires, gomme ou écorces.

Les essences les plus importantes sont les suivantes : les ébènes peu nombreux et de petites dimensions (lopingo, hazomainty, hazomafana), les acajous (rotra, nato, tsianango), l'emploi de ces bois, en ébénisterie, est suffisamment connu pour qu'il y ait lieu d'insister. Il faut citer aussi l'hazomalanga ou le faux camphrier, le valanira, tous deux imputrescibles, le vinoa, employé dans la construction des pirogues, le katrafay à l'écorce odoriférante, le tainakanga, bois dur employé dans la construction des goélettes.

Dans les forêts que traverse la Tsiribihina et ses affluents se trouvent les lianes réhé, réhabo, kidroa, dont l'exploitation des écorces donne par pilonnage de bon caoutchouc.

Les indigènes se contentent de piler la racine pour extraire le latex, qu'ils font coaguler, soit au moyen de tamarin, de jus de citron ou même par simple ébullition. Une société commerciale anglaise procède à l'exploitation des écorces au moyen des machines d'un bon rendement, puisque dans les écorces pilées par le procédé indigène, elle retire encore cinq fois plus de caoutchouc que la quantité primitivement extraite.

Malheureusement l'indigène paresseux et gaspilleur préfère se servir des écorces des racines des lianes qu'il travaille pour son compte ou pour celui de la compagnie. Il tire ainsi plus de gomme et travaille dans la position accroupie où il se complait.

La surveillance est difficile sur ces grandes étendues où le nombre d'agents forestiers est très restreint. Il en résulte qu'en dépit des arrêtés le pays est rapidement ruiné par suite des procédés d'exploitation. Il se produira dans ces forêts pour les lianes caoutchoutifères ce qui s'est produit dans le Sud-Ouest de l'Ile pour l'intisy aujourd'hui fort rare, à moins qu'une réglementation sévère et judicieuse n'exige un repeuplement, prévu d'ailleurs mais non exécuté pour la compagnie précitée.

Les quantités de caoutchouc produites en 1911 s'élèvent à environ 25 tonnes.

Les forêts de palétuviers sont exploitées par suite de la richesse en tanin des écorces de ces arbres. Au cours de l'année 1910, cette exploitation a été surtout remarquable (400 tonnes), mais le cours ayant baissé sur les marchés européens, un certain nombre de commerçants qui, par suite d'une concurrence acharnée, avaient acheté très cher les écorces, ont subi des pertes assez élevées. Il semble que les achats à des prix sagement établis et rémunérateurs pour les indigènes permettent de se livrer à une exploitation rationnelle des immenses forêts qui couvrent le delta de la Tsiribihina.

Telles sont les principales richesses de cette seconde partie du fleuve.

Après cet exposé de la valeur économique actuelle du fleuve (en juin 1911), il est nécessaire d'examiner ce qu'elle peut être dans l'avenir et d'étudier quels sont les moyens les plus propres à la développer.

III. — AVENIR ÉCONOMIQUE DE LA VALLÉE DE LA TSIRIBIHINA

1° *Le Betsiriry.* — On l'a vu plus haut, le Betsiriry s'appuie aux terrains archéens dans lesquels se trouvent de nombreux gisements aurifères ; il est formé par des terrains primaires recouverts d'alluvions très favorables au développement de l'agriculture ; enfin il est habité par une population qui tend à s'accroître et dont les besoins deviennent chaque jour plus importants. Il sera donc nécessaire, pour se rendre compte de l'avenir économique de ce pays, d'étudier successivement ce qu'il peut devenir au point de vue industriel, agricole et enfin commercial.

1° AVENIR AURIFÈRE ET INDUSTRIEL

Au sujet de l'or j'emprunterai les renseignements

qui vont suivre à M. le capitaine Grammont, commandant le Secteur du Betsiriry, très documenté sur la question.

« Jusqu'à présent, les procédés employés pour l'extraction de la matière précieuse ont été rudimentaires. De grandes sociétés, comme la Compagnie Lyonnaise, se sont bornées au mode d'extraction depuis longtemps en usage parmi les indigènes : lavage à la battée des quartz pilés ou des terres alluvionnaires : c'est dire que la quantité d'or recueillie est infime et la quantité perdue considérable, le rendement est en un mot minime. Cependant nombre d'entreprises réalisent des bénéfices par ces moyens défectueux. Il est donc évident qu'en employant des machines, l'or donnerait dans le Betsiriry des gains importants. C'est une chose que tous les prospecteurs reconnaissent et la plupart d'entre eux seraient sûrs de trouver des capitaux pour développer les entreprises, si la possibilité de faire venir des machines était démontrée.

« Les exploitations aurifères sont en relation avec Tananarive pour la correspondance, les valeurs, la main-d'œuvre, etc..., mais elles sont absolument tributaires de la côte Ouest, de Morondava et de l'Ilôt Indien, en ce qui concerne le ravitaillement en matériel et en vivres ; or, de ce côté, les relations deviennent de plus en plus difficiles, la seule voie de communication étant la voie fluviale, et le prix de location des mourlangues ayant monté pour un seul voyage de 15 à 30 et 40 francs.

« A ce prix de 40 francs pour 3 ou 400 kilogrammes de matériel ou de marchandises entre l'Ilôt Indien et Miandrivazo, il faut ajouter les prix excessifs d'embarquement entre Morondava et les paquebots des Messageries Maritimes. »

Il faut ajouter encore le transport entre Morondava et l'Ilôt de l'Indien. Dans les conditions actuelles, le prix de la tonne de marchandise de Morondava à Miandrivazo s'élève à environ 150 francs.

Il faut, en outre, tenir compte des risques de navigation, nombreux sur le fleuve, aux hautes eaux et même aux basses eaux dans le cours inférieur, et en mer. Il semble donc que l'exploitation de l'or doit se faire encore longtemps par les procédés rudimentaires ci-dessus, à moins qu'une navigation à vapeur moins coûteuse que les moyens de transport actuels ne vienne modifier la situation.

2° Avenir agricole

Le pays est, nous l'avons dit, très riche, tous les produits indigènes viennent parfaitement bien, le riz, le pois du cap, le manioc, ces cultures si rémunératrices doivent donner d'excellents résultats. Le coton donne de bons produits, des colons qui en ont fait des essais ont été très satisfaits. Ce qui manque actuellement pour le développement agricole de ce pays c'est :

1° L'écoulement des produits à un prix rémunérateur ; 2° la main-d'œuvre nécessaire pour la mise en valeur plus complète.

En effet, le manque de moyens de transport peu coûteux rend difficile l'écoulement des produits vers la côte ; d'autre part, l'absence des voies de communication et l'obstacle que présente le Bongolava rendent impossible le transport sur les hauts plateaux, d'ailleurs assez riches pour ne pas avoir besoin d'emprunter à la côte.

Il en résulte que, n'étant pas assurés de l'écoulement, les habitants cultivent uniquement pour leurs besoins et ceux des exploitations industrielles de la région, alors que M. le capitaine Grammont évalue à près d'un millier de tonnes les produits du sol qui pourraient être exportés du Betsiriry vers la côte, en une année, si les moyens de transport économiques existaient. Il en résulte que, dans ces conditions, le cultivateur des hauts plateaux, incertain de la vente de ses produits, hésite encore à venir s'établir dans ces régions, et que la question de la main-d'œuvre est ainsi connexe de celle des moyens de transport.

3° AVENIR COMMERCIAL

Tant que la flottille a fonctionné sur la Tsiribihina, c'est-à-dire jusqu'en 1905, la situation commerciale du Betsiriry a été prospère et encore, ne l'oublions pas, le *Capitaine-Flayelle* ne s'occupait de transports commerciaux que tout à fait accessoirement.

Du 1er janvier au 31 juillet 1905, le chiffre des importations fut le suivant :

Pour Sérinam et Bérèvo .... 77 tonnes
Pour Miandrivazo 65   —
soit au total 142 tonnes, dont 9 seulement pour les postes militaires.

Celui des importations fut d'environ 30 tonnes, dont un huitième à peu près pour Miandrivazo. C'est donc un transit annuel de 300 tonnes en moyenne qui se faisait sur la Tsiribihina pour le Ménabé septentrional et le Betsiriry.

La suppression de la flottille fut le signal d'une baisse commerciale très sensible, puisqu'en 1906 cinq maisons de commerce sur neuf avaient dû fermer par suite de la hausse des prix de transport ; or, en 1906, le prix de location du couple de mourlangues de la mer jusqu'à Miandrivazo n'était que de 20 francs ; il est aujourd'hui de 40 francs. En outre les risques ont augmenté dans des proportions énormes, c'est ainsi qu'en 1911, pour les cinq commerçants grecs ou hindous de Miandrivazo, les pertes provenant du fait de la navigation par pirogues se sont élevées à 4.500 francs pour 60.000 francs de marchandises transportées.

D'après les renseignements donnés par les commerçants de Betsiriry au commandant du Secteur, le chiffre des importations serait de 90 à 100 tonnes actuellement si la navigation à vapeur, peu coûteuse et sans risques, était rétablie sur la Tsiribihina.

Les mêmes renseignements portent à environ 60 tonnes le chiffre des exportations. Ce chiffre s'augmentera certainement dans des proportions importantes, si l'on tient compte de l'accroissement des cultures des indigènes, ce qui permettrait l'exportation de différents produits du sol, employés aujourd'hui uniquement à la consommation locale.

D'autre part, Antsirabé et Bétafo, centres d'une production agricole toujours plus développée, pourraient ravitailler la côte Ouest, Tuléar et Morondava, des produits des hauts plateaux, tels que le blé, riz, pommes de terre. Il suffit, pour cela, de continuer la route charretière d'Antsirabé à Miandrivazo.

Il semble donc que le fret ne doive jamais manquer aux bateaux à vapeur desservant la Tsiribihina, l'expérience seule établira les données précises à ce sujet.

2° *La vallée inférieure de la Tsiribihina.* — Comme on l'a vu précédemment, en étudiant les ressources actuelles de cette seconde partie du fleuve, celles-ci sont ou agricoles ou industrielles ; il importe donc d'examiner, comme il a été fait pour le Betsiriry, quel peut être l'avenir économique de chacune d'elles.

Avenir agricole. — Les acheteurs de paddy et de pois du cap sont de plus en plus nombreux et l'offre est actuellement inférieure à la demande ; il semble certain que, lorsque les prix de transport sur le fleuve deviendront moins élevés, toute cette riche vallée pourra donner le décuple de ce qu'elle produit aujourd'hui. Toutefois la population est relativement peu nombreuse et ce n'est que dans un avenir qui paraît encore très éloigné que le Sakhalava paresseux deviendra un cultivateur laborieux, capable . de mettre en valeur les immenses étendues de terres cultivables qui bordent le fleuve sur une largeur de 10 à 15 kilomètres.

Il serait nécessaire que la main-d'œuvre venue de l'extérieur se fixe sur la partie inférieure du fleuve comme elle le fait sur ses affluents du cours supérieur. Mais ces émigrants des hauts plateaux ne sont pas innombrables et il est à supposer que la colonisation des régions riches de l'Ile, dont la mise en valeur est nulle aujourd'hui, atteindra sa limite par suite du nombre restreint des colons.

Ainsi on se trouve en présence d'une vallée fertile, riche, dont les produits ont des débouchés certains, mais où la population fait défaut pour la mise en valeur complète et où il ne semble pas que d'ici longtemps il soit possible de compter sur l'augmentation de la main-d'œuvre. Il apparaît d'ailleurs assez nettement que le pays n'est pas appelé à un avenir certain, dans l'état actuel des choses, car le très petit nombre des trafiquants, presque tous Hindous, établis sur le fleuve, va, malgré l'augmentation du chiffre des exportations, en diminuant.

Avenir industriel. — L'exploitation des forêts de la Tsiribihina, tant au point de vue des bois qu'à celui du caoutchouc ou des écorces tinctoriales, peut donner un plus grand essor à la mise en valeur du pays au point de vue industriel. Toutefois il est à souhaiter que cette exploitation se fasse d'une façon rationnelle, qu'elle soit bien surveillée, de manière qu'elle n'arrive pas à ruiner le pays au lieu de l'enrichir.

La transformation de la navigation sur le fleuve par l'emploi d'embarcations à vapeur, est appelée ici, comme dans le Betsiriry, à augmenter la valeur économique du pays. Il est nécessaire que cette navigation à vapeur résulte d'une entreprise privée soutenue au besoin, au début, par des subsides de la colonie.

En effet, la flottille organisée jusqu'en 1905, comme il a été dit plus haut, a coûté, en une année (de mars 1902 à mars 1903), la somme de 57.500 francs (toutes dépenses comprises). Pendant cette période elle a transporté 360 tonnes de marchandises, dont un tiers à peine pour le commerce local.

Il est évident que, dans ces conditions, elle coûtait fort cher à la colonie pour obtenir un médiocre résultat, si l'on excepte les services rendus à l'occupation militaire.

Une entreprise privée peut avec les mêmes moyens, c'est-à-dire une embarcation à vapeur à fond plat calant 50 centimètres remorquant des chalands, ne pas dépasser un chiffre de dépenses annuelles de 35.000 francs environ, ainsi qu'il résulte d'une étude approfondie faite par le commandant du poste de l'Ilôt Indien en 1903, et des modifications dans les prix de revient des matériaux depuis cette date.

Dans ces conditions, le prix de transport de la tonne kilométrique serait d'environ 0 fr. 50 à 0 fr. 60 centimes, alors qu'elle s'élève actuellement à près de 5 francs. Il faut, en outre, tenir compte des risques beaucoup plus nombreux avec la navigation en pirogues ou en mourlangues couplées.

Il est donc nécessaire d'accueillir les propositions qui pourraient venir de la part de l'entreprise privée si elle se présentait, et au besoin de provoquer celle-ci en l'aidant, à moins que la colonie ne se décide à devenir elle-même la rénovatrice de cette navigation. C'est un essai à faire qui peut donner de bons résultats.

Ce n'est d'ailleurs qu'à la suite de celui-ci qu'il sera possible de se prononcer définitivement sur la valeur économique de la Tsiribihina. Si le chiffre des exportations et des importations augmente d'une façon très sensible, si la population croît et permet de mettre peu à peu tout le pays en valeur, si les exploitations industrielles deviennent nombreuses et prospères ; alors seulement il sera possible de dire que la Tsiribihina est une voie de communication d'une grande valeur.

Jusqu'à ce moment, il sera difficile de se prononcer, et l'écueil à éviter consiste justement à vouloir décider trop vite sur cette question, à vouloir créer sur le fleuve des centres factices, appelés à une vie éphémère, en un mot à « lâcher la proie pour l'ombre », suivant l'expression du commandant Hilaire (rapport sur la Tsiribihina de 1908).

C'est par l'examen rapide de ce que peut devenir le pays Sakhalava dans un avenir rapproché et par la discussion sur l'opportunité de créer un grand centre sur la Tsiribihina, à Bélo par exemple, que je terminerai cette étude.

Actuellement Morondava existe : c'est une ville qui prospère, doucement il est vrai, mais qui est en bonne voie. Des dépenses assez élevées y ont été engagées pour en faire un véritable centre ; elle possède tous les bâtiments nécessaires à la vie publique d'une cité organisée. Les commerçants y ont construit, s'y sont installés d'une façon qui semble définitive.

Morondava présente, il est vrai, des inconvénients que j'ai exposés précédemment, rade médiocre, éloignée du débouché de la Tsiribihina, ce qui nécessite pour les transactions l'emploi de navigation au cabotage par des goélettes, d'où augmentation des dépenses.

Toutefois ces dépenses sont compensées par la situation de la ville au débouché sur la mer de la Morondava riche et cultivée depuis Mahabo et du delta de ce fleuve dont la valeur économique est réelle et s'accroît chaque jour.

L'installation d'une ville nouvelle à Bélo-sur-Tsiribihina répondrait actuellement à quels besoins? Comme je viens de l'exposer, il ne parait pas possible de se prononcer dès maintenant sur l'avenir de la Tsiribihina. Si, comme il faut l'espérer, ce fleuve devient par la suite une voie de communication suivie et que sa vallée arrive à un développement économique considérable, il semble évident que par la force même des choses, un centre important se créera à son entrée, c'est-à-dire à Bélo, puisque c'est là seulement que commence la terre ferme. Le commerce y sera attiré, des comptoirs s'y installeront rapidement. Il s'ensuivra alors l'organisation administrative nécessaire à la vie de toute cité, grande ou petite.

Mais jusqu'à ce moment, jusqu'à cette certitude de la valeur économique du fleuve, il est inutile de construire un centre qui fera double emploi avec Morondava. Les constructions existantes encore à l'Ilôt de l'Indien suffiront largement aux besoins actuels de ce point de transit entre les navigations maritimes et fluviales. Le seul intérêt que puisse présenter dans la situation présente la création d'un centre à Bélo, réside dans le remplacement du chef-lieu de province, excentrique à Morondava, par un autre point plus central.

Ici encore la seule raison qui pourrait militer en faveur de l'installation à Bélo au détriment de Morondava mérite la discussion. En effet le cercle actuel de Morondava est destiné, dans un avenir peut-être peu éloigné, à être transformé. Lorsque l'application de la nouvelle imposition sur les bovidés aura été faite, c'est-à-dire au commencement de 1913, lorsqu'on aura pu se rendre compte par cette nouvelle pierre de touche de l'état de soumission complète des Sakhalavas, l'autorité militaire pourra faire place à l'administration civile dans le Ménabé tout entier, de la Tsiribihina au Mangoky.

Il ne semble pas cependant que la partie Nord du cercle actuel, c'est-à-dire le Manambolo et la région de Maintirano, la région de l'Antsingy et du Bémahra septentrional, soit dans la même situation. Peut-être alors formera-t-on deux circonscriptions : l'une militaire au Nord de la ligne de partage des eaux des bassins du Manambolo et de la Tsiribihina, avec Maintirano, centre organisé, pour chef-lieu ; l'autre formée du Ménabé jusqu'au Mangoky au Sud, avec Morondava, bien central cette fois, comme chef-lieu. Il en résulte que, même au point de vue administratif, l'organisation d'un centre à Bélo est prématurée.

En résumé il est nécessaire avant tout de chercher à réorganiser un service de batellerie à vapeur sur le fleuve. Les résultats obtenus après une expérience de plusieurs années permettront de reconnaître ce que l'on peut attendre de cette voie naturelle, dont la position sur la carte ne manque pas d'attirer l'attention de tous ceux qu'intéresse l'avenir de Madagascar. Il sera temps alors de prendre toutes les mesures pour créer à l'embouchure une ville digne du grand fleuve.

Capitaine BUHRER,
de l'Infanterie Coloniale.

Imp.-Libr. Militaire Universelle, L. Fournier, 204, boulevard Saint-Germain, Paris.